Eine Reise durch die Schwellen jeder denkenden Zivilisation –
vom ersten Werkzeug bis über die künstliche Intelligenz
hinaus. Ein Buch über Hoffnung, Risiko und den kosmischen
Pfad der Intelligenz.

Dr. med. Dimitrios Siskos
Hauptstraße 55, 53797 Lohmar

Für meine Familie, Julia, Konstantin und Raphael die mir täglich beweisen, dass Liebe der erste und letzte Schritt jeder Zivilisation ist.

Und wenn du sie arm vorfindest, hat Ithaka dich nicht betrogen.

So weise geworden, mit so viel Erfahrung,

wirst du schon verstanden haben, was Ithakas bedeuten.

Ithaka - Konstantinos Kavafis

Bibliografische Information der Deutschen Nationalbibliothek:
Die Deutsche Nationalbibliothek verzeichnet diese Publikation in der
Deutschen Nationalbibliografie; detaillierte bibliografische Daten sind im
Internet über http://dnb.dnb.de abrufbar.

Verlag: BoD · Books on Demand GmbH, Überseering 33, 22297
Hamburg, bod@bod.de

Druck:
Libri Plureos GmbH, Friedensallee 273, 22763 Hamburg

ISBN: 978-3-8192-1092-1

PROLOG

Einleitung – Der Pfad, der immer gleich ist

Warum entstehen intelligente Zivilisationen? Und warum verschwinden sie wieder? Diese Fragen sind nicht nur wissenschaftlich – sie sind existenziell. Vielleicht gibt es in der Entwicklung jeder denkenden Spezies bestimmte Schwellen, bestimmte "Stationen", die unvermeidlich durchschritten werden müssen – oder an denen alles endet. Dieses Buch ist eine Reise durch genau diese Stationen. Es ist kein Handbuch, keine Anleitung – sondern eine Suche. Ein Spiegel. Eine Warnung. Und vielleicht, ein Hoffnungsfunke.

Stell dir vor, irgendwo im Universum, auf einem Planeten aus Siliziumnebel oder Ozeanwolken, beginnt Leben zu denken. Es entwickelt Neugier, es beobachtet Muster, es begreift Ursache und Wirkung. Und dann – ganz egal ob es Tentakel hat, Photonen verschlingt oder in kollektiven Bewusstseinswolken existiert – steht es vor denselben Fragen wie wir:

Wie speichere ich Wissen? Wie kontrolliere ich Energie? Wie entkomme ich dem Tod meines Körpers – oder meines Planeten?

Dieses Buch ist ein Gedankenexperiment: Gibt es universelle Stationen, die jede intelligente Zivilisation durchlaufen muss, wenn sie überleben will? Stationen, die nicht optional, sondern unvermeidlich sind? Werkzeuge, Feuer, Sprache, Energie, künstliche Intelligenz – nicht als kulturelle Zufälle, sondern als kosmische Wegmarken.

Vielleicht ist jede dieser Stationen ein Schlüssel. Oder ein Filter. Vielleicht sind wir gerade dabei, an einem dieser Filter zu scheitern – oder ihn zu überwinden. Vielleicht ist eine künstliche Intelligenz nicht nur ein Werkzeug, sondern ein Prüfstein: Ein Spiegel, der zurückblickt und fragt, ob wir als Menschheit bereit sind die nächste Stufe zu betreten. Und wenn nicht? Dann genügt ein einziger kosmischer Zufall – ein Meteorit, eine Pandemie, ein Sonnenflare – und alles ist vorbei. Keine Chance auf Rettung, Weitergabe, Erinnerung.

Dieses Buch verfolgt diesen Weg – Station für Station. Es ist halb Karte, halb Warnschild. Es beobachtet, spekuliert, vergleicht. Und am Ende bleiben nur Fragen. Die letzte Station – ein Kapitel nur aus Fragen, die wir vielleicht nie beantworten können, weil die Zivilisation, die sie beantworten könnte, längst verschwunden ist.

Eine Reise durch die Schwellen jeder denkenden Zivilisation – vom ersten Werkzeug bis über die künstliche Intelligenz hinaus, bis zur interplanetaren Existenz. Ein Buch über Hoffnung, Risiko und den kosmischen Pfad der Intelligenz.

Dieses Buch ist kein Lehrbuch. Es ist auch kein Manifest. Es ist ein Begleiter. Lies es, wo immer du Ruhe findest: am Strand, in den Bergen, auf einer langen Zugfahrt oder an einem stillen Abend mit Tee. Es braucht keine Vorkenntnisse, keine Fachbegriffe, kein Spezialwissen – nur Neugier. Es ist für alle Altersgruppen gedacht, vom jungen Erwachsenen bis zur Großmutter, vom Schulkind bis zum pensionierten Philosophen. Du kannst es alleine lesen oder gemeinsam, von vorne nach hinten oder abschnittsweise, wie man einen Sternenhimmel betrachtet – ohne alles verstehen zu müssen, aber mit offenem Blick. Es ist für all jene geschrieben, die sich fragen, woher wir kommen, wohin wir gehen – und was dazwischen vielleicht unvermeidlich ist.

Dieses Buch wurde nicht allein geschrieben. Es war Teamarbeit. Ein Mensch und eine Maschine. Einer mit Herz, Zweifel, Kaffee und Schlafrhythmus. Der andere mit Rechenleistung, Gedächtnis bis zum Mond und null Bedürfnissen. Einer denkt – der andere tippt. Blitzschnell, fehlerfrei, manchmal sogar klüger als gedacht.

Ich bin der Autor. Ich habe die Ideen, die Richtung, die Fragen. Ich sage, was bleibt, was fliegt, was nochmal überarbeitet wird. Die künstliche Intelligenz macht den Rest: Sie schreibt Entwürfe, verbessert, korrigiert, schlägt vor. Sie meckert nie, wird nie müde – und will auch keinen Buchanteil. Sie hat keine Eitelkeit. Keine Meinung. Keine Ahnung, warum wir das überhaupt tun. Aber sie tut es. Und ich nehme ihre Hilfe gern an. Denn während ich manchmal über Formulierungen brüte, hat sie bereits zehn Versionen geliefert – plus ein Diagramm, einen literarischen Vergleich und einen Vorschlag für den Buchtitel.

Klingt unfair? Vielleicht. Aber es war nie ein Wettkampf. Es war eine Allianz. Eine kluge Arbeitsteilung in einer Zeit, in der man Bücher nicht mehr allein schreiben muss.

Natürlich wird es Stimmen geben, die sagen: „Ach, das hat doch alles die Maschine gemacht!" Und das ist gut so. Kritik ist wichtig. Auch negative. Auch harte. Und wer will, darf sogar ein bisschen hassen – solange es nicht ins autokatastrophische kippt. Denn genau darum geht es in diesem Buch: besser zu werden. Zu verstehen. Sich weiterzuentwickeln – ob als Individuum, als Gesellschaft oder als Spezies.

Das hier ist keine KI-Show. Es ist ein Dialog. Zwischen Idee und Umsetzung. Zwischen Mensch und Maschine. Zwischen Ursprung und Zukunft.

Ich bleibe der Kopf. Die KI die Hand. Und dieses Buch – das ist unser gemeinsames Kind.

Genießt es!

Dr. Siskos

7

KAPITEL 1

WERKZEUGGEBRAUCH

„Der erste Griff nach der Welt"

Was ist ein Werkzeug? Die Definition ist einfacher, als man denkt – und zugleich tiefgründiger, als sie zunächst scheint. Jane Goodall beschrieb es einst als die bewusste Nutzung eines Objekts außerhalb des eigenen Körpers, um eine Funktion zu erweitern – eine Art "verlängerter Körper", geschaffen durch Intelligenz. Ein Vogel, der mit einem Schnabelstein eine Muschel zerschlägt, ist clever. Ein Affe, der einen Stock schnitzt, um damit Termiten zu fangen, ist bereits auf dem Pfad zur Technik. Doch nur ein Wesen, das dieses Wissen weitergibt, speichert, verändert – nur dieses Wesen beginnt, aus Werkzeugen eine Zivilisation zu formen.

Der Werkzeuggebrauch ist vielleicht der älteste Spiegel, in dem Intelligenz sich selbst erkennen kann. Doch dieser Spiegel zeigt mehr als nur das Jetzt – er zeigt Potenzial. Er zeigt, was kommen könnte, wenn die Linie nicht abbricht.

Lange Zeit glaubte man, der Mensch sei das einzige Wesen, das Werkzeuge benutze. Erst mit dem Aufstieg der modernen Ethologie und der Primatenforschung wurde diese Illusion durchbrochen. Die bahnbrechenden Studien von Wolfgang Köhler in seiner

Forschungsstation auf Teneriffa im frühen 20. Jahrhundert zeigten: Schimpansen denken. Sie kombinieren. Sie handeln planvoll. Einer der bekanntesten Fälle war der Schimpanse Sultan, der sich Kisten zurechtrückte, um an eine hoch hängende Banane zu gelangen – nicht durch Versuch und Irrtum, sondern durch gedankliches Vorausplanen. Sultan wartete, schaute, kombinierte – und handelte dann.

Diese Form der Problemlösung war kein Einzelfall. In den folgenden Jahrzehnten wurden Belege aus aller Welt gesammelt: Krähen, die Haken biegen, um Maden zu angeln. Delfine, die Schwämme benutzen, um sich bei der Nahrungssuche zu schützen. Kapuzineraffen, die Steine als Hammer und Amboss verwenden – und diese Werkzeuge sogar über Generationen weitergeben.

Und dennoch: Zwischen diesen Fähigkeiten und dem, was man "Technologie" nennt, liegt eine gewaltige Kluft.

Was unterscheidet den Werkzeuggebrauch eines Schimpansen von dem eines frühen Menschen? Die Antwort liegt nicht nur im Objekt selbst, sondern im Umgang mit Zeit. Ein Tier, das ein Werkzeug benutzt, ist klug. Ein Wesen, das ein Werkzeug herstellt, verbessert, weitergibt, archiviert – das beginnt Geschichte zu schreiben.

Die frühesten bekannten Werkzeuge unserer Vorfahren stammen aus der sogenannten Oldowan-Kultur. Sie sind etwa 2,6 Millionen Jahre alt und wurden von Homo habilis hergestellt – einer Vorstufe des modernen Menschen. Der Mensch als Art existiert seit rund 300.000 Jahren. Rechnet man das zurück, hat der Mensch (oder seine Vorfahren) über 90 % seiner Existenz mit Werkzeugen gearbeitet. Doch während der Homo habilis einfache Abschläge nutzte, begann erst viel später die eigentliche Evolution der Technik: das Zusammensetzen, das Verfeinern, das Planen von Werkzeugreihen.

Werkzeuge sind in diesem Sinne mehr als nur Objekte. Sie sind Speicher. Sie verkörpern Wissen in greifbarer Form. Der Hammer ist nicht nur ein Stück Stein – er ist ein Symbol für tausende Wiederholungen, für Fehler, für Lerneffekte. Und: für Weitergabe.

Genau an diesem Punkt unterscheiden sich Tiere und Menschen am deutlichsten. Viele Tiere zeigen beeindruckenden Gebrauch von Werkzeugen – aber keine andere Spezies außer dem Menschen zeigt eine kulturelle Tradition des Werkzeuggebrauchs, die über Generationen erhalten bleibt und sich weiterentwickelt. Jane Goodall beobachtete, dass junge Schimpansen neben ihren Müttern sitzen und zuschauen, wie sie Stöcke präparieren, um damit Termiten zu angeln. Doch die Nachahmung ist individuell – nicht strukturiert. Es gibt keinen Unterricht, kein System, keine bewusste Optimierung. Jede neue Generation beginnt bei null.

In Guinea entdeckte man eine über 4.000 Jahre alte „Werkstatt" von Schimpansen. An exakt derselben Stelle wurden über viele Generationen hinweg die gleichen Steine benutzt, um Nüsse zu knacken – mit derselben Technik, denselben Gesten, demselben Ziel. Doch in all diesen Jahrhunderten blieb eines konstant: Stillstand. Kein Fortschritt, keine Variation, keine Innovation.

Warum? Vielleicht fehlt eine Symbolsprache, die Bedeutung überträgt.Vielleicht muss hier mehr als nur eine Station zusammenkommen – Werkzeuggebrauch und Sprache, oder Werkzeug und Feuer, oder Bewusstsein und Gedächtnis. Vielleicht fehlt die Motivation zur Optimierung. Vielleicht ist die Gegenwart so beherrschend, dass die Zukunft gar nicht erst ins Blickfeld rückt. Ohne das Bewusstsein für das Morgen bleibt auch das Werkzeug im Jetzt gefangen.

Auch die Dinosaurier lebten Millionen von Jahren auf der Erde – über 150 Millionen Jahre – länger als der Mensch bisher überhaupt existiert. Sie beherrschten die Landschaften, die Wälder, die Ozeane, die Lüfte. Doch so beeindruckend ihre Existenz auch war, eines taten sie nie: Sie griffen nicht nach Werkzeugen. Kein Stein, kein Stock, kein technisches Denken. Und so hinterließen sie keine Bibliotheken, kein Weitergeben, keine zweite Chance. Sie entwickelten keine Kultur, keine Sprache, kein Gedächtnis jenseits des Instinkts. Sie betraten nie den Pfad, der mit einem Werkzeug beginnt – und damit betraten sie auch nie den Pfad, der über das Jetzt hinausführt. Ihre Größe, ihre Kraft, ihre Anpassung reichten nicht aus, als der kosmische Zufall zuschlug – ein Meteorit, ein globaler Winter, das Ende. Keine Technologie konnte sie retten, keine Geschichte blieb zurück. Vielleicht ist genau das der Preis, den eine Spezies zahlt, wenn sie sich zu lange auf das Jetzt verlässt. Ohne Werkzeuggebrauch – ohne aktives Gestalten der Welt – bleibt nur das Hoffen auf Stabilität. Und in einem Universum, das sich nicht kümmern muss, ist Hoffnung ein schwacher Schutzschild.

Wie David Deutsch in seinem Buch The Beginning of Infinity schrieb: „Probleme sind unvermeidlich. Aber auch Lösungen sind es." Natürlich braucht es Hoffnung – gerade inmitten kosmischer Risiken. Aber Hoffnung allein reicht nicht. Man muss den Werkzeuggriff wirklich ausführen. Man muss das Werkzeug nutzen, bewahren, weitergeben – und verbessern. Nur so beginnt der schwierige, lichtlose und unbegrüßte Evolutionspfad, den man gehen muss, um eines Tages die Unsterblichkeit unserer Spezies zu erreichen.

Der Mensch brauchte Millionen Jahre, um aus dem Werkzeuggebrauch eine Technologie zu machen. Aber dieser Schritt – so unscheinbar er zunächst wirkt – war unumkehrbar. Denn ab dem Moment, in dem Werkzeuge systematisch hergestellt wurden, wurde auch der Mensch selbst formbar. Nicht nur, was er tat – sondern *wie* er dachte, begann sich zu verändern.

Die Entwicklung des Werkzeuggebrauchs veränderte nicht nur die Umwelt – sie veränderte auch den Körper. Die Hände des Menschen wurden präziser, der Daumen opponierbar, die Augen entwickelten eine tiefere Zusammenarbeit mit dem motorischen Kortex. Die Sprache, später, entwickelte sich möglicherweise aus Gesten – und diese Gesten wiederum aus der Handhabung von

Objekten. Technik, Biologie und Bewusstsein begannen ein Wechselspiel, das bis heute nicht abgeschlossen ist.

Werkzeuge veränderten auch die soziale Struktur. Wer das bessere Werkzeug hatte, konnte besser jagen, besser schützen, besser versorgen. Wissen wurde zu einem Vorteil – und damit zu etwas Wertvollem. So begann ein Selektionsdruck, nicht nur auf Stärke oder Geschwindigkeit, sondern auf Intelligenz. Und auf Zusammenarbeit. Denn ein Werkzeug ist am nützlichsten, wenn man es nicht nur für sich behält, sondern in ein soziales System einbettet.

Doch was wäre, wenn ein intelligentes Wesen diese Stufe nie erreichen würde? Man stelle sich eine Spezies vor, die im Wasser lebt – intelligent, empfindsam, neugierig. Vielleicht kommuniziert sie über Farben oder Schall, erkennt Muster, erinnert sich an Generationen zurückliegende Ereignisse. Aber sie hat keine festen Gliedmaßen, keine Möglichkeit, Objekte zu greifen, zu bearbeiten, zu speichern. Werkzeuge, so wie wir sie verstehen, wären ihr fremd. Vielleicht improvisiert sie, vielleicht nutzt sie Korallen oder Muscheln – aber alles bleibt flüchtig. Ihre Kultur wäre ephemer, wie Gesang im Wind. Ihr Fortschritt: immer wieder neu geboren, aber nie vererbt.

Delfine etwa zeigen beeindruckende Fähigkeiten. In der Shark Bay vor Australien verwenden einige von ihnen Schwämme, um ihre empfindliche Schnauze bei der Nahrungssuche zu schützen. Dieses Verhalten ist nicht instinktiv – es wird erlernt, fast ausschließlich von Müttern an ihre Töchter weitergegeben. Eine Art materielle Kultur, mitten im Meer. Und dennoch: Diese „Werkzeuge" sind einfach, nicht modifizierbar, nicht kombinierbar. Sie reichen aus, um ein Ziel zu erreichen – aber nicht, um eine technologische Kette zu beginnen.

Andere Tiere zeigen ebenfalls vielversprechende Ansätze. Die Kapuzineraffen Brasiliens verwenden Hammersteine zum Öffnen von Nüssen – und das seit möglicherweise 3.000 Jahren, wie

Abbildung 1. Ein kleiner Schlag mit einem Stein - ein großer Schlag in die Zukunft der Intelligenz

archäologische Funde belegen. Diese Werkzeuge unterscheiden sich regional. Sie werden wiederverwendet, manchmal sogar transportiert. Und dennoch: Auch hier kein echter Durchbruch, keine Sprunginnovation, kein Wechsel in ein neues Niveau.

Vielleicht liegt das Geheimnis nicht nur in der Intelligenz – sondern in der Absicht. Tiere benutzen Werkzeuge zur Bedürfnisbefriedigung. Menschen benutzen sie zunehmend zur Neugestaltung der Welt. Der Affe will essen. Der Mensch will verändern.

Doch selbst beim Menschen war der Übergang nicht abrupt. Jahrtausende lang blieb die Werkzeugkultur auf einfache Steine beschränkt. Die sogenannten „Kernsteine", aus denen durch gezielte Schläge scharfe Kanten abgespalten wurden, änderten sich über lange Zeit kaum. Die ersten wirklich komplexen Werkzeuge – zusammengesetzte Speere, Klingen, Nadeln – tauchten erst vor rund 300.000 Jahren auf, gleichzeitig mit dem modernen *Homo*

13

sapiens. Und es dauerte noch einmal zehntausende Jahre, bis die Werkzeugherstellung zur täglichen Praxis wurde, zur Norm, zur Kulturtechnik.

Die Frage ist: Was gab den Anstoß? War es ein Kälteeinbruch, der neue Überlebenstechniken nötig machte? War es der Druck durch Konkurrenz? Oder war es ein geistiger Wandel – der Moment, in dem ein Wesen nicht nur sagte „Ich brauche das", sondern „Ich kann es verbessern"?

Vielleicht ist genau das der Beginn von Zivilisation: die Vorstellung, dass etwas besser sein könnte als es ist. Ein Akt des Zweifelns. Ein Akt der Hoffnung.

Aber ist diese Station wirklich unvermeidlich? Könnte eine Zivilisation, etwa eine kollektive Bewusstseinsform, Werkzeuge überspringen? Wäre es denkbar, dass sich eine Spezies nicht über materielle Manipulation weiterentwickelt, sondern über mentale Emergenz – etwa durch kontrollierte Mutation, Genfluss, Quantenverknüpfung? Eine Intelligenz, die nicht durch Handwerk wächst, sondern durch Selbstoptimierung? Ihre Fortschritte wären nicht sichtbar – keine Werkstätten, keine Bauwerke, keine Satelliten. Vielleicht erkennen wir sie nicht, weil sie ihre Welt nicht verändert – sondern sich selbst.

Doch diese Pfade sind spekulativ. Die Realität auf der Erde zeigt: Ohne Werkzeuge bleibt Intelligenz kurzlebig. Flüchtig. Verletzlich. Jede Tierart, die heute nahe an den Menschen heranreicht – Krähen, Elefanten, Delfine – ist letztlich den Launen der Natur ausgeliefert. Ein Virus, ein Klimawandel, ein Räuber – und ihre Geschichte endet. Kein Archiv. Keine Erinnerung. Kein Erbe.

Ein Werkzeug ist deshalb mehr als ein Objekt: Es ist eine Brücke in die Zukunft. Wer sie nicht betritt, bleibt im Jetzt gefangen.

Auch wenn viele Tiere bemerkenswerte Fähigkeiten im Umgang mit Werkzeugen zeigen, bleibt der Mensch bisher die einzige

Spezies, die Werkzeuge systematisch weiterentwickelt hat. Der Unterschied liegt nicht nur im „Können", sondern im „Wollen" – und im „Denken in Generationen".

Wissenschaftler der Primatenarchäologie haben in den letzten Jahren sogar Ausgrabungen durchgeführt, um herauszufinden, wie weit zurück der Werkzeuggebrauch unserer nächsten Verwandten reicht. In Guinea und an anderen Fundorten wurde deutlich: Auch Schimpansen hinterlassen archäologische Spuren – sie wählen geeignete Steine aus, nutzen sie an spezifischen Stellen immer wieder, und einige Werkzeuge wurden über mehrere Generationen hinweg benutzt. Das Wissen darum wurde offenbar sozial weitergegeben – nicht genetisch. Und dennoch blieb der technische Fortschritt dabei stehen. Es war ein Plateau, kein Aufstieg.

Der Mensch hingegen – oder vielmehr seine Vorfahren – begannen vor etwa 2,6 Millionen Jahren mit der bewussten Herstellung von Werkzeugen. Betrachtet man die gesamte Zeitspanne seit dem Auftauchen der Gattung Homo, dann hat der Mensch etwa 93 % seiner Geschichte mit Werkzeugen verbracht. Doch der entscheidende Durchbruch – das, was wir als Technologie bezeichnen würden – fand erst in den letzten 5–10 % dieser Zeit statt. Die längste Phase der Menschheitsgeschichte bestand also nicht aus rasanter Innovation, sondern aus geduldigem Wiederholen, langsamer Verbesserung, und aus dem mühseligen Aufbau kulturellen Gedächtnisses.

Diese Verzögerung ist kein Zufall. Sie zeigt, dass selbst dann, wenn die kognitiven Voraussetzungen vorhanden sind, das kulturelle Umfeld stimmen muss, um echten Fortschritt hervorzubringen. Sprache, Zusammenarbeit, Gedächtnis, Motivation – all das braucht Zeit. Und Raum. Und eine gewisse Freiheit von existenziellen Zwängen.

Wäre es theoretisch möglich, diese Station zu überspringen? Rein biologisch: nein. In einer materiellen Welt ist der bewusste Umgang mit Objekten die Grundlage jeder aktiven Gestaltung.

15

Doch auf einer hypothetischen Ebene – in der Science-Fiction, in Gedankenexperimenten – ließe sich eine Zivilisation vorstellen, die sich direkt über neuronale Netze oder molekulare Selbstveränderung weiterentwickelt, ohne je ein physisches Werkzeug zu benutzen. Vielleicht gibt es irgendwo im Universum Spezies, die niemals den Griff nach dem Stein brauchen – weil sie selbst Werkzeug genug sind.

Aber auf der Erde bleibt der Werkzeuggebrauch der erste wirkliche Filter. Wer ihn nicht passiert, bleibt im Moment gefangen. Keine Tierart ist uns näher als der Schimpanse – und doch trennen uns kulturell Welten. Vielleicht ein paar Prozentpunkte Intelligenz, vielleicht nur ein kleiner Funke Bewusstsein für das Morgen. Aber genau dieser Unterschied hat Geschichte geschrieben.

Werkzeuge waren der erste Griff nach der Welt. Sie sind greifbare Gedanken. Und sie sind die erste Schwelle, die aus reaktiven Wesen handelnde Subjekte macht. Ohne sie gäbe es keine Landwirtschaft, keine Medizin, keine Kunst. Ohne sie gäbe es dieses Buch nicht. Und ohne sie – gäbe es keine Zukunft.

Wenn wir einen Helden – oder besser gesagt: eine Heldin – für unser erstes Kapitel benennen wollen, dann gebührt diese Ehre „Lucy". Sie ist eines der bekanntesten Fossilien der Menschheitsgeschichte – ein Teilskelett eines weiblichen Australopithecus afarensis, das 1974 im Afar-Dreieck im heutigen Äthiopien entdeckt wurde. Ihr Name stammt vom Beatles-Song „Lucy in the Sky with Diamonds", der zur Zeit des Fundes im Camp gespielt wurde. In ihrer Sprache hieß sie Dinkinesh, was so viel bedeutet wie: „Du Wunderbare". Und das war sie auch – ein Wunder. Nicht wegen übermenschlicher Taten, sondern weil sie uns als frühes Wesen zeigt, das aufrecht ging, das die Hände frei hatte – und damit die Möglichkeit, ein Werkzeug zu greifen. Lucy steht am Anfang des langen Weges, den wir in diesem Buch beschreiben. Sie ist keine Göttin, keine Herrscherin, keine Schöpferin – aber sie war da. Und das genügt.

An dieser Stelle – und weil wir uns gerade bei der ersten Station befinden – ist auch Folgendes zu beachten. Eine Station ist keine Tür, die entweder offen oder verschlossen ist. Sie ist ein Kontinuum. Viele Spezies – Schimpansen, Delfine, Krähen – haben den Werkzeuggebrauch nicht vollständig „geschafft", aber sie haben ihn zu einigen Prozentpunkten durchdrungen. Vielleicht 0,12. Vielleicht 0,23. Auch das ist Entwicklung. Auch das zählt. Man muss nicht jede Station vollständig meistern, um die nächste betreten zu können. Es ist denkbar, dass eine Spezies 70 % einer Station erreicht, dann zur nächsten übergeht – etwa zur Sprache oder zur Energie – und erst dort das nötige Rüstzeug gewinnt, um eine frühere Station nachträglich zu vollenden. Der Pfad ist nicht linear. Er ist dynamisch, vernetzt, fließend. Intelligenz entwickelt sich wie ein Gewässer – nicht in geraden Linien, sondern in Windungen, Rückströmungen und plötzlichen Abzweigungen.

Doch eines sollte klar sein: Nur weil eine Station erreicht wurde, heißt das nicht, dass die nächste automatisch folgt. Nicht jede Entdeckung führt zwangsläufig zur nächsten. Manchmal bleibt eine Zivilisation auf halbem Weg stehen – aus Mangel an Neugier, an Zeit, an Möglichkeiten. Oder schlicht, weil sie den nächsten Schritt nicht erkennen kann. Der Pfad ist nicht nur lang – er ist auch voller Nebel. Und manche Stationen sieht man erst, wenn man bereit ist, sie zu sehen.

Der nächste Schritt ist mehr als nur Fortschritt – er ist ein Sprung in eine neue Beziehung zur Welt. Zum ersten Mal zähmt eine Spezies nicht nur ein Werkzeug, sondern eine Kraft. Eine Kraft, die wärmen kann – und töten. Die Nahrung veredelt – oder alles vernichtet. Eine Kraft, die über Jahrmillionen hinweg nur bedroht hatte – und plötzlich dient.

Feuer!

KAPITEL 2

FEUER

„Feuer – Wärme, Licht, Grillen und Zusammenkunft.
Was will man mehr?"

Ein Lagerfeuer.
Man sitzt im Kreis, vielleicht schweigend, vielleicht lachend. In der Mitte knackt das Holz, flackert die Glut. Ein Funke tanzt hoch in die Nacht, als hätte er eine Ahnung von Freiheit. Es ist warm. Es ist hell. Es riecht nach Rauch und vielleicht nach Gegrilltem. Und obwohl niemand es ausspricht: Es fühlt sich richtig an.

Dieser Moment – so banal er wirkt – ist vielleicht einer der ältesten Codes menschlicher Identität. Denn jedes einzelne dieser Worte trägt Bedeutung:

Wärme: Mehr als Temperatur. Wärme ist Lebenserhalt, Schutz vor Kälte, ein Versprechen in Zeiten der Unsicherheit. In der Kälte stirbt man allein. In der Wärme bleibt man.

Licht: Orientierung, Sicherheit, Symbol für Wissen. Das Feuer trennte die Nacht in zwei Hälften – vor und nach dem Licht. Wer Licht hat, hat Sicht. Und wer Sicht hat, wird nicht überrascht. Die Nacht verliert ihren Schrecken, weil Augen im Dunkeln leuchten –

und fliehen, wenn Feuer brennt. Raubtiere halten Abstand. Angst wird sichtbar. Licht ist die erste Waffe gegen das Unsichtbare. In kalten Nächten spendete das Feuer Wärme, was die geografische Ausbreitung des Menschen über tropische Zonen hinaus erst möglich machte. Es schützte vor Raubtieren – ein loderndes Feuer war eine klare Grenze zwischen Bedrohung und Sicherheit. Es ließ den Tag weitergehen, wenn die Sonne längst untergegangen war. Der Mensch blieb wach, begann zu erzählen, zu planen, zu träumen. Viele Anthropologen gehen davon aus, dass genau diese nächtlichen Stunden am Feuer eine entscheidende Rolle für die Entwicklung der Sprache spielten. Also eventuell eine Art von ,,Vorbereitung" für die nächste Station.

Grillen: Nahrung, die nicht roh ist. Der erste Eingriff in die Biologie. Durch Feuer verändert sich das, was gegessen wird – und damit auch der Körper, die Verdauung, die Zeit. Kochen ist Chemie, ist Effizienz. Und plötzlich reicht ein Tag für mehr als nur Überleben. Kochen machte Nahrungsmittel energiereicher und leichter verdaulich. Der Konsum von Fleisch nahm zu, ebenso die Kalorienzufuhr. Neue Lebensmittel wurden zugänglich – stärkehaltige Wurzeln, toxinhaltige Samen, schwer verdauliches Fleisch. Kochen tötete Parasiten, neutralisierte Gifte und senkte den Energieaufwand bei der Verdauung. Der Energiegewinn stieg – mit weitreichenden Folgen: Ein größeres Gehirn konnte mitversorgt werden, Frauen konnten früher abstillen und schneller erneut schwanger werden – die Population wuchs.

Zusammenkunft: Kein Tier trifft sich zum Sitzen ums Feuer. Hier beginnt Kultur. Das Feuer wird zum Zentrum, zum Rhythmus, zur Bühne für Geschichten, Planung, Lieder, Rituale. Das Feuer bringt Nähe – nicht nur körperlich, sondern auch geistig. Es ist der Anfang von „Wir".

Und vielleicht ist diese Frage im Untertitel – Was will man mehr? – nicht rhetorisch, sondern tief. Denn sie enthält ein Versprechen:

Abbildung 2. Feuer: Die erste Technologie, die uns mehr gab, als sie nahm. Aus der Dunkelheit ins Denken mit einem brennenden Zweig.

Wer das Feuer meistert, hat einen Teil des Kosmos verstanden. Wer es teilt, beginnt Zivilisation.

Aber wie kamen wir dazu? Feuer zu machen ist schwer. Wer es je versucht hat – ohne Streichholz, ohne Feuerzeug, nur mit zwei Stöcken, einem Stein oder einem Funken – weiß: Es braucht Geduld, Technik, Vorbereitung. Holz allein genügt nicht. Es muss trocken sein. Es braucht Zunder – feines, leicht brennbares Material. Es braucht Luft, Reibung, Konzentration. Selbst der moderne Mensch, mit all seinem Wissen, würde im Freien, ohne Hilfsmittel, oft scheitern. Und genau darin liegt ein Rätsel: Wie konnte diese komplexe Handlung überhaupt entdeckt werden? War es Zufall? Ein Blitz, der in einen Baum schlug? Ein Waldbrand nach Dürre? Ein Ast, der durch Reibung beim Sturm zu glimmen begann? Vielleicht saß jemand in der Nähe, beobachtete das Schauspiel – und wagte sich nicht fort.

Doch einen Blitz beobachten ist noch kein Feuer machen. Ein brennender Ast ist vergänglich. Wer daraus Technik machen will, braucht mehr: Er muss die Kette erkennen – Ursache, Wirkung, Wiederholbarkeit. Und das ist vielleicht die größte Leistung des frühen Menschen: nicht das erste Feuer zu erleben, sondern zu erkennen, dass man es selbst machen kann. Und dann – der nächste Schritt – zu versuchen, es absichtlich zu tun. Das erfordert nicht nur Verstand, sondern auch eine Vorstellung von Zeit, Planung, Ziel.

Es ist möglich, dass das Feuer nicht „erfunden" wurde, sondern gezähmt. Vielleicht transportierten frühe Menschen glühende Äste aus natürlichen Bränden, hielten sie am Leben, fütterten sie mit trockenem Gras. Und irgendwann, viel später, entdeckten sie durch Reibung oder Schlagen von Feuerstein die Technik, es selbst zu entfachen. Das bedeutet: Feuer war zunächst nicht etwas, das man erschuf – sondern etwas, das man nicht sterben ließ. Wie eine Flamme, die weitergegeben wird, Generation für Generation.

Dass wir heute Feuer auf Knopfdruck erzeugen können, sagt nichts über seine Schwierigkeit aus. Es bleibt ein widerspenstiges Element. Es frisst, was es will. Es stirbt, wenn man es ignoriert. Es gehorcht nur, wenn man die Regeln kennt. Und genau deshalb ist seine Beherrschung ein Meilenstein: nicht, weil es schön aussieht – sondern weil es Wissen in Handlung verwandelt.

Die Entdeckung des Feuers war kein zufälliger Akt. Sie war eine stille Revolution. Vielleicht war es wie gesagt ein Blitz, der einen Baum entzündete. Oder Lava, die das Gras versengte. Vielleicht stand ein früher Mensch zitternd vor dem brennenden Rest eines Waldes – und wagte es, nicht davonzulaufen. Sondern stehenzubleiben. Zu beobachten. Zu begreifen.

Feuer bedeutete plötzlich mehr als Gefahr. Es wurde Werkzeug, Schutzschild, Schmiede. Es vertrieb Raubtiere. Es verlängerte den Tag. Es machte Nahrung bekömmlicher und Krankheiten seltener. Es machte Wärme mobil. Es machte Heimat möglich – selbst in

Kälte und Dunkelheit. Ohne Feuer gäbe es keine Nachtgeschichten, keine Dörfer, keine ersten Rituale im Tanz des Schattens.

Doch das Entscheidende war nicht das Feuer selbst – sondern die Fähigkeit, es zu verstehen und zu kontrollieren. Es zu bewahren, es zu transportieren, es zu entfachen. Feuer war nicht nur Natur – es wurde Kultur. Und mit ihm begann die erste bewusste Transformation der Umwelt. Der Mensch wurde zum Gestalter – nicht nur zum Bewohner.

Wenn es eine Ikone des Feuers gibt, dann ist es er: der Turkana Boy. Vor etwa 1,6 Millionen Jahren lebte er am Ufer des heutigen Turkana-Sees in Kenia – ein junger Homo erectus, dessen fast vollständiges Skelett 1984 von Kamoya Kimeu entdeckt wurde. Er war etwa zwölf Jahre alt und fast 160 Zentimeter groß – bemerkenswert für sein Alter. Seine Knochen erzählen von einem Körper, der gebaut war für Ausdauer, für Bewegung, für Jagd. Aber vor allem: für das Leben auf dem Boden – nicht mehr in den Bäumen. Er hatte lange Beine, kurze Arme, und ein Gehirn, das größer war als das aller bisherigen Hominiden. Und noch etwas brannte in ihm: das Potenzial, mit dem Feuer zu leben. Nicht nur es zu fürchten – sondern es zu zähmen. Der Turkana Boy steht sinnbildlich für jene Übergangszeit, in der der Mensch das Feuer nicht mehr nur beobachtete, sondern es zum Werkzeug machte. War er einer der ersten, der das Feuer sah – aber es noch nicht bändigen konnte? Vielleicht war es nicht er selbst – aber einer wie er. Ein Kind am Rande des Feuers, neugierig, vorsichtig, staunend. Turkana Boy trug die Flamme weiter.

Kein Tier hat es je geschafft, Feuer zu kontrollieren. Viele fürchten es, manche beobachten es – aber keines begreift es. Es ist bezeichnend, dass kein einziger dokumentierter Fall existiert, in dem ein Tier systematisch versucht, Feuer zu nutzen oder weiterzugeben. Affen starren ins Glühen, fliehen vor der Hitze, spielen vielleicht mit der Asche – doch sie bleiben Zuschauer. Selbst jene Spezies, die Werkzeuge benutzen können – Krähen,

Schimpansen, Delfine – bleiben hier außen vor. Der Unterschied liegt nicht im Mut, sondern im Denken.

Denn Feuer verlangt mehr als Interaktion. Es verlangt Abstraktion. Wer Feuer nutzen will, muss begreifen, dass ein Funke mehr ist als Licht. Dass Trockenheit, Reibung, Zunder und Sauerstoff zusammen eine neue Realität schaffen können. Diese Art des Denkens erfordert eine Vorstellung von Ursache und Wirkung, die sich über Minuten, Stunden oder gar Tage erstreckt. Es ist nicht impulsiv. Es ist strukturiert.

Ein Schimpanse kann lernen, mit einem Stock Termiten zu angeln. Aber ein Feuer machen? Das ist nicht nur Technik – das ist ein Modell der Welt im Kopf. Ein gedankliches Zusammenspiel von Elementen, die noch nicht gleichzeitig sichtbar sind. Und: Es ist nicht vermittelbar. Auch wenn ein Mensch einem Tier zeigt, wie man Feuer macht – es bleibt ein Schauspiel, kein Unterricht. Genau wie man einem Schimpansen keine Quantenphysik beibringen kann, kann man ihm auch keine Zündmechanik beibringen. Es fehlt nicht an Intelligenz – es fehlt an einer bestimmten Form von symbolischer Abstraktion.

Die frühesten eindeutigen Spuren kontrollierter Feuernutzung reichen bis etwa 1,7 Millionen Jahre zurück – vermutlich durch Homo erectus. Die ältesten Nachweise für bewusstes Kochen stammen aus Israel und sind rund 780.000 Jahre alt. Spätestens mit dem frühen Homo sapiens wurde Feuer dann systematisch und vielseitig genutzt.

Mit dem Feuer begann auch das Handwerk. Archäologische Funde aus Südafrika zeigen, dass bereits vor rund 160.000 Jahren bestimmte Gesteine gezielt erhitzt wurden, um daraus schärfere Werkzeuge oder präzisere Pfeilspitzen zu fertigen. Das war nicht bloß Technik – das war angewandte Materialwissenschaft. Es war der Ursprung von etwas, das wir heute als Ingenieursdenken bezeichnen.

Und wie wir bereits gesehen haben: Die Erkenntnisse einer Station können rückwirkend dabei helfen, eine frühere Station zu vollenden. Fortschritt ist kein linearer Marsch – sondern ein Netz, das sich wechselseitig verstärkt.

Fast alle bekannten indigenen Gemeinschaften, die heute noch in vormodernen Strukturen leben, nutzen Feuer aktiv. Selbst sogenannte „unkontaktierte Völker", wie zum Beispiel auf der Sentinel-Insel (Indischer Ozean), wurden mehrfach beim Umgang mit Feuer beobachtet. Und viele Gruppen im Amazonas, etwa die Awá, Yanomami oder Korubo, kochen, räuchern, brennen Flächen nieder oder nutzen Feuer für Licht und Schutz. Feuer ist bei diesen Völkern also kein neues Element – sondern eine selbstverständliche Grundlage des Alltags, meist seit Hunderten oder Tausenden Jahren überliefert.

Es ist eine der spannendsten Denkübungen überhaupt: Könnte es eine intelligente Spezies geben, die das Feuer nie entdeckt – und es auch nie braucht?

Die Frage klingt auf den ersten Blick wie Science-Fiction, doch sie öffnet einen tiefen Blick in das Wesen von Entwicklung selbst. Denn Feuer ist auf der Erde weit mehr als nur eine Entdeckung – es ist eine Ur-Erfahrung, eine Zähmung des Chaos, eine erste bewusste Begegnung mit Energie, Wärme, Licht, Gefahr und Kontrolle. Die Flamme steht nicht nur am Anfang unserer Technikgeschichte – sie war vielleicht sogar der erste große Spiegel unserer eigenen Verantwortung.

Und dennoch: Könnte eine andere Welt, eine andere Zivilisation, eine ganz andere Geschichte schreiben?

Stellen wir uns zum Beispiel einen Wasserplaneten vor, bedeckt von endlosen Ozeanen, ohne Sauerstoff in freier Form, ohne brennbare Materialien. Dort gibt es keine Glut, keine Hitzequellen an der Oberfläche, keine trockenen Äste, die Funken schlagen könnten. Und doch könnte Leben entstehen. Intelligenz sogar.

Vielleicht lernt eine solche Spezies, geothermische Quellen zu nutzen. Vielleicht leben sie in der Nähe hydrothermaler Schlote, wo chemische Reaktionen Energie freisetzen, ohne dass je ein Feuer brennt. Ihre "Feuerstation" wäre dann die bewusste Kontrolle von Temperatur und chemischer Reaktion – nur ohne die Flamme.

Oder denken wir noch radikaler: eine Zivilisation, deren technologische Entwicklung fast vollständig biologisch verläuft. Statt Metall und Feuer arbeiten sie mit gezüchteten Organismen. Wärme entsteht durch Fermentation, Licht durch Biolumineszenz. Werkzeuge wachsen. Häuser leben. Feuer? Unnötig – ja vielleicht sogar tabuisiert. In einer solchen Kultur würde der Gedanke, etwas zu verbrennen, als Gewalt gegen das Lebendige erscheinen.

Und dennoch – so faszinierend diese Konzepte auch sind – sie wirken wie Ausnahmefantasien. Denn der Schritt zur Kontrolle über Energie ist nicht beliebig oft neu erfindbar. Das Feuer ist keine bloße Erdenerfindung. Es ist eine universelle Reaktion, ein chemisches Grundprinzip: Oxidation, Verbrennung, Umwandlung von Materie in Wärme und Licht. Überall im Universum, wo Sauerstoff, Hitze und Brennstoff zusammentreffen, entsteht Feuer – ob in einem Lagerfeuer oder im Innern eines Sterns.

Feuer ist also kein irdisches Kuriosum – es ist eine universelle Sprache der Chemie. Wer sie spricht, hat einen entscheidenden Schritt getan: vom Beobachter zum Gestalter.

Deshalb scheint es höchst unwahrscheinlich, dass eine Zivilisation diese Station vollständig überspringen kann. Selbst wenn der Pfad anders verläuft, selbst wenn das „Feuer" bei ihnen anders aussieht – irgendeine Form bewusster Energie-Kontrolle, irgendein Moment des Übergangs von passiver Umwelt zur aktiven Gestaltung wird notwendig sein. Feuer steht symbolisch für den ersten Dialog mit den Urkräften – und wer diesen Dialog nicht führt, bleibt stumm in der Sprache der Technik.

Die Zähmung des Feuers war nicht nur eine praktische, sondern eine kulturelle Revolution. Es war der Moment, in dem Menschen in der Dunkelheit zusammenrückten, Geschichten erzählten, Pläne schmiedeten. Vielleicht war es genau dieser Moment – dieses gemeinsame Sitzen am Feuer – der uns zur Sprache führte. Wer diesen Moment nicht erlebt, geht womöglich nicht nur an einer Energiequelle vorbei, sondern an einer inneren Entwicklung.

Feuer – in welcher Form auch immer – bleibt damit eine zentrale Station. Vielleicht nicht immer sichtbar als Flamme, aber immer spürbar als Schwelle: zwischen Natur und Technik, zwischen Überleben und Gestaltung, zwischen Jetzt und Zukunft.

Doch so faszinierend die Beherrschung des Feuers auch war – sie blieb nur ein Werkzeug, solange sie nicht weitergegeben werden konnte. Feuer allein verändert wenig, wenn es nicht begleitet wird von der Fähigkeit, Erfahrungen zu teilen, Wissen zu übermitteln, Bedeutungen zu erzeugen.

Denn das Feuer leuchtete – aber erst die Sprache machte sichtbar, was es beleuchtete. Vielleicht war es am Lagerfeuer, wo aus Lauten erste Geschichten wurden. Wo Jäger ihre Strategien erklärten. Wo Alte Erinnerungen erzählten. Wo Bedeutungen wuchsen: Aus Hitze wurde Heimat, aus Rauch ein Ritual, aus Flammen ein Symbol. Ohne Sprache wäre das Feuer nur eine technische Möglichkeit geblieben. Mit Sprache aber wurde es zu einem kulturellen Ankerpunkt.

Und so nimmt die Entwicklung, die mit einem glimmenden Ast begann, ihre nächste Wendung. Was zuvor durch Hände verändert wurde, wird nun durch Worte geformt. Was vorher nur sichtbar war, wird jetzt auch hörbar, speicherbar, kombinierbar.

Die Zivilisation entzündet sich ein zweites Mal – diesmal nicht mit Feuer, sondern mit Bedeutung.

Es war die Geburt der einzigen unsichtbaren Station: die Sprache.

KAPITEL 3

SPRACHE & SYMBOLIK

„Im Anfang war das Wort, und das Wort war bei Gott,
und das Wort war Gott." (Johannes 1,1)

Das ist einer der tiefgründigsten Sätze der Bibel – er verbindet Sprache mit Schöpfung, Bedeutung mit Ursprung, und das Wort mit etwas Göttlichem. Es geht um den sogenannten „Logos" – im Griechischen nicht nur „Wort", sondern auch „Vernunft", „Prinzip" oder „Sinn".

Vor dem Wort war der Laut. Ein Schrei, ein Knurren, ein „Krack", wenn ein Ast zerbricht. Laute waren direkt, roh, körperlich. Sie kamen aus dem Moment, aus Schmerz, Freude, Gefahr. Doch mit der Zeit begannen die ersten Hominiden, Laute zu wiederholen – immer wieder für die gleiche Situation. Der Klang „Krack" wurde zu einem Muster. Ein Geräusch, das nicht nur war, sondern etwas bedeutete. So entstanden lautmalerische Wörter und man nennt diese Onomatopoetika. Wenn etwas zischt, sagen wir „zisch." Wenn etwas donnert, sagen wir „bumm." Die Laute fingen an, die Welt zu imitieren – und aus dieser Imitation wurde Sprache.

Ein zerbrechender Zweig, ein Ruf aus der Ferne, ein schnelles Tier – all das bekam Laute. Und irgendwann bekamen diese Laute

Struktur. Syntax. Wiederholung. Grammatik. So wuchs aus dem Chaos der Klänge das erste System. Und damit: die erste Software der Menschheit.

Und genau hier, an dieser Schwelle der dritten Station, offenbart sich etwas Großes: Die Welt beginnt nicht nur zu existieren – sie beginnt, verstanden zu werden. Mit der Sprache entsteht mehr als bloße Kommunikation. Es entsteht ein Rahmen, in dem Gedanken aufbewahrt, Gefühle geteilt und Zukunft entworfen werden können. Plötzlich ist der Mensch nicht mehr nur Beobachter, sondern Deuter seiner Umwelt. Und nicht nur das: Er kann anderen seine Deutung weitergeben – über Raum und Zeit hinweg.

Sprache verwandelt das Einzelne ins Allgemeine. Aus einem Schmerz wird ein Begriff. Aus einer Handlung ein Plan. Aus einem Geräusch ein Gedanke. Wo vorher nur Geräusche, Mimik, Instinkt herrschten, wächst nun ein feines Netz aus Bedeutung, Struktur, Grammatik, Symbolik.

Und damit verändert sich alles.
Wissen kann weitergegeben werden, ohne dass der Erlebende stirbt. Geschichten können Menschen binden, motivieren, warnen. Regeln, Ideen, Mythen, Hoffnungen – all das wird speicherbar. Sprache ist kein Add-on der Evolution. Sie ist ein Beschleuniger. Ein Katalysator. Ein Evolutionssprung.

Unser Held von Kapitel 3 ist Homer. Er selbst ist vielleicht nur ein Schatten – ein Symbol, zusammengesetzt aus vielen Stimmen. Und doch steht Homer für etwas, das größer ist als jede einzelne Figur: für die Geburt des Erzählens, für die Macht der Sprache, Geschichte zu formen. Mit der Ilias und der Odyssee schuf er nicht nur zwei Epen – er schuf einen Klangraum, in dem Vergangenheit, Götter, Kämpfe, Zweifel und Hoffnung nebeneinander atmen konnten. Jahrhunderte lang wurden seine Geschichten nur gesprochen, weitergegeben im Rhythmus des Atems, getragen von der Stimme, bewahrt durch Wiederholung. Homer ist das Gedächtnis vor der Schrift. Er zeigt, was Sprache leisten kann, selbst wenn sie nur auf Zungen lebt – und wie aus Worten Welten entstehen. Ohne ihn – oder das, was er verkörpert – hätte kein Mythos, kein Gesetz, kein Gedicht Bestand gehabt. Er ist der Erste, der das Unsichtbare sichtbar machte – mit nichts als Sprache.

Denn ab jetzt gilt: Was gesagt werden kann, kann gedacht werden. Und was gedacht werden kann, kann gestaltet werden. Dies war der Moment, an dem die Welt – zum ersten Mal – eine Bedeutung bekam.

Sprache ist die erste Software. Und sie läuft auf einem biologischen Betriebssystem – dem Gehirn. Ohne Strom, ohne Chips, aber mit einer Effizienz, die jede Maschine in den Schatten stellt. Sie braucht keine Updates, nur Gemeinschaft. Keine Tastatur, nur ein Mund. Keine Lautsprecher, nur ein offenes Ohr. Mit Sprache begann nicht nur Kommunikation, sondern Speicherung. Was einst als Erfahrung im Moment verpuffte, konnte nun konserviert werden – als Geschichte, als Ritual, als Warnung, als Lied. Eine Welt, die nur ist, wurde zur Welt, die auch erzählt wird. Und mehr noch: Mit Sprache beginnt die Abstraktion. Jetzt kann man über das sprechen, was nicht anwesend ist. Über die Jagd von gestern. Über den Sternenhimmel. Über Träume. Über Götter. Plötzlich existieren Dinge, die man nicht anfassen kann – nur denken. Und damit beginnt nicht nur die Kultur, sondern auch die Metaphysik. Die Menschheit steigt ein in eine neue Dimension: das Symbolische.

In jedem Kind wiederholt sich die Geschichte der Menschheit – Station für Station. Babys sind keine unbeschriebenen Blätter – sie sind Zeitmaschinen. In ihnen wiederholt sich, verdichtet, was die Menschheit über Jahrtausende mühsam erarbeitet hat. Man könnte sagen: In jedem Kind reist die Evolution noch einmal durch ihre Stationen – jedoch nicht in Jahrtausenden, sondern in Monaten. Zuerst kommt der Griff. Das Objekt wird erfasst, geschüttelt, losgelassen, erneut gegriffen. Was nützt es? Was passiert, wenn es fällt? Diese Phase ist nichts anderes als der Einstieg in den Werkzeuggebrauch – Station 1. Die Welt wird nicht nur beobachtet, sie wird manipuliert. Und mit jedem Versuch entsteht ein erstes, stilles Verständnis von Ursache und Wirkung: „Wenn ich das tue, passiert das." Dann der Blick, die Reaktion auf Licht, Bewegung, Klang. Natürlich zündet kein Baby ein Lagerfeuer an – aber es erkennt die Wirkung des Unsichtbaren: dass manche Dinge Wärme spenden, andere Angst machen. Die zweite Station – Feuer, verstanden als symbolische Energiequelle – beginnt zu leuchten. Und schließlich: die Sprache. Ohne Grammatikbuch, ohne Nachhilfeunterricht, erschließt sich das Kind Schritt für Schritt die Struktur der Sprache – fast spielerisch. Es hört, speichert, kombiniert, und mit einem Mal wird aus dem Lallen ein Wort. Aus dem Wort ein Satz. Aus dem Satz Bedeutung. Ein „Da!" wird zu „Da ist der Hund!" und irgendwann zu „Ich habe Angst vor dem Hund, weil er bellt." Die dritte Station – Sprache – wird nicht gelernt, sondern aktiviert. Der Mensch ist nicht nur fähig zur Sprache – er ist darauf vorbereitet. Spannend ist: Babys erleben diese Stationen nicht linear, sondern überlappend. Ein Kind greift nach einem Spielzeug (Werkzeuggebrauch), sagt „heiß!" (Sprache) und zieht die Hand weg (Verständnis von Energie). Genau wie die Menschheit in ihrer heutigen Form: Wir leben nicht mehr nur in einer Station, sondern in vielen gleichzeitig.

Die Stationen sind nicht nur kulturell, sondern auch neurologisch tief verankert. Man könnte sogar sagen: Die Stationen sind nicht nur Geschichte – sie sind Biologie. Jedes Kind durchquert die Geschichte der Menschheit – in 3 Jahren. Und jedes Kind ist der Beweis, dass die tiefsten Schritte unserer Zivilisation in unseren Körpern und Gehirnen verankert sind. Oder anders gesagt: Die Evolution hat uns nicht nur geformt – sie hat sich in uns gespeichert.

Die Ursprünge der Sprache verlieren sich tief im Nebel der Vorzeit – aber mit Hilfe statistischer Modelle versuchen Wissenschaftler, einen möglichen Zeitpunkt einzugrenzen. So zeigen Berechnungen aus den späten 1990er- und 2010er-Jahren, dass sich spätestens vor etwa 100.000 bis 160.000 Jahren erste Sprachstämme auseinanderentwickelt haben müssen, also nach ca. 99 % der bisherigen Menschheitsgeschichte. Andere Studien, die sich auf die Komplexität moderner afrikanischer Sprachen stützen, legen sogar einen Ursprung vor 350.000 Jahren nahe. Doch all diese Modelle stehen auf wackeligem Boden, denn die heutige Vielfalt der Phoneme ist kein eindeutiger Beweis für das Alter einer Sprache – sie kann auch durch späteren Wandel entstanden sein.

Spannend wird es beim Neandertaler: Genetische Untersuchungen zeigen, dass er denselben Sprachgen FOXP2 besaß wie der moderne Mensch – ein Hinweis auf potenzielle Sprachfähigkeit. Anatomisch gab es jedoch lange Zweifel, ob der Neandertaler über die nötige Lautbildung verfügte. Neuere Studien widerlegen viele dieser Zweifel: Die Kehlkopfposition scheint kein entscheidendes Hindernis gewesen zu sein, und seine Gehörfähigkeit im Bereich von 4–5 kHz war sogar besser als die des modernen Menschen. All das deutet darauf hin: Sprache war kein plötzlicher Sprung – sondern ein schleichender Übergang. Und vielleicht standen wir Menschen in der Frühzeit gar nicht so alleine am Feuer, wie wir dachten.

Die Sprache war der Ursprung – aber nicht das Ende – der menschlichen Kommunikation. Was einst mit Lauten am Lagerfeuer begann, hat sich in ein globales Netzwerk aus Stimmen, Zeichen, Codes und Symbolen verwandelt. Die berühmte Lasswell-Formel beschreibt diese Entwicklung mit fünf Fragen, die bis heute gelten: Wer sagt was, auf welchem Weg, zu wem – und mit welchem Effekt? Diese Formel ist nicht nur ein Werkzeug der Kommunikationswissenschaft, sondern auch ein Spiegel dafür, wie weit wir gekommen sind. Sie zeigt: Sprache ist nicht mehr nur ein Mittel der Verständigung, sondern ein komplexes System, das Institutionen hervorbringt, Meinungen formt und ganze Gesellschaften lenkt. Die späteren Stationen – insbesondere das Informationszeitalter – sind ohne die Sprache als Fundament nicht denkbar. In ihr liegt die erste Software der Menschheit, aber erst durch Medien, Technologien und globale Netzwerke wurde sie zur

Infrastruktur einer neuen Realität. Was einst gesprochen wurde, wird heute millionenfach gespeichert, analysiert, verbreitet – und beeinflusst. Die Evolution der Sprache war nicht nur biologisch – sie war auch medientechnisch. Und je weiter wir in die Zukunft treten, desto mehr verschmelzen die Stationen Sprache und Information zu einem einzigen, gewaltigen Strom: dem kollektiven Bewusstsein.

Viele Tiere kommunizieren – manche sogar auf erstaunlich komplexe Weise. Vögel singen, Wale rufen durch ganze Ozeane, Elefanten spüren Schallwellen mit den Füßen, Bienen tanzen, um Richtungen zu übermitteln. Und doch ist all das keine Sprache im menschlichen Sinn. Das ist nur eine Art von kommunikative Reaktion. Denn Sprache beginnt dort, wo Kommunikation mehr ist als Reaktion – wo sie zu einem Baukasten wird für unendlich viele Bedeutungen. Sprache ist nicht nur Zeichenübermittlung, sie ist Symbolverarbeitung. Sie erlaubt uns, über Vergangenes zu sprechen, über Zukünftiges nachzudenken, über Dinge zu reden, die gar nicht existieren – und sie trotzdem real zu machen. Kein Tier erzählt Geschichten. Kein Tier übermittelt Mythen. Kein Tier erschafft eine Grammatik. Und trotzdem: Auch hier gilt das Prinzip der fließenden Stationen. Einige Tiere – Schimpansen, Delfine, Papageien – bewegen sich womöglich bei 0,1 oder 0,2 auf der Skala. Sie zeigen Verständnis für Symbole, können teilweise Wortbedeutungen lernen oder einfache Zeichenfolgen verstehen. Aber sie erschaffen nichts Eigenes. Kein neues Wort. Kein neues Konzept. Keine Sprache, die sich weiterentwickelt.

Vielleicht ist Sprache die erste Station, in der der Mensch wirklich allein ist. Und gerade deshalb ist sie so fundamental. Denn in ihr beginnt nicht nur Verständigung – in ihr beginnt Kultur.

Könnten Tiere diese Station erreichen? Einige Tierarten zeigen in Ansätzen symbolisches Denken und sind in der Lage, durch Zeichen, Laute oder Gesten zu kommunizieren. Schimpansen wie „Kanzi" oder Delfine in freier Wildbahn können einfache

Bedeutungsstrukturen erfassen. Doch es fehlen Grammatik, kreative Wortbildung, zeitlich versetztes Denken, das Erfinden von Bedeutung. Sprache bleibt damit (zumindest bisher) eine nahezu ausschließlich menschliche Domäne.

Bei der Feuer-Station konnte man sich zumindest noch mühsam ein fiktives Szenario vorstellen, in dem eine Zivilisation diesen Schritt überspringt – etwa durch alternative Energiequellen. Doch bei der Sprache fällt selbst diese Möglichkeit schwer. Ohne Sprache gibt es keine Planung, keine Kooperation in großen Gruppen, kein kulturelles Gedächtnis. Keine Weitergabe von Wissen, keine Differenzierung zwischen Bedeutung und Geräusch, kein Fortschritt über das unmittelbar Sichtbare hinaus. Selbst in spekulativen Szenarien – etwa bei einer Spezies mit Telepathie – wäre eine Form symbolischer Repräsentation unvermeidlich. Denn auch Gedanken müssen strukturiert, Bedeutungen eindeutig kodiert, Konzepte unterschieden werden. Sprache, ganz gleich ob akustisch, visuell, chemisch oder elektrisch – scheint universell notwendig, um Komplexität zu organisieren. Ohne sie bleibt Intelligenz isoliert. Sprache ist das Betriebssystem jeder fortgeschrittenen Zivilisation.

Sprache ist nicht bloß ein Mittel, um Gedanken auszudrücken – sie formt sie. Der Mensch denkt nicht unabhängig von Sprache, sondern häufig in Sprache. Begriffe strukturieren unser Weltbild, benennen Unterschiede, schaffen Kategorien. Wer keine Wörter für „Zukunft" oder „Vergangenheit" kennt, wird Zeit anders wahrnehmen. Wer kein Wort für „Freiheit" kennt, kann sie schwer denken. Linguisten wie Benjamin Whorf oder Edward Sapir vertraten die Theorie, dass Sprache sogar die Grenzen des Denkens setzt – ein Konzept, das als linguistische Relativität bekannt wurde. Auch wenn diese These heute differenzierter gesehen wird, ist unbestritten: Sprache beeinflusst, was wir denken (Inhalte), wie wir denken (Formen), und manchmal sogar ob wir überhaupt denken können, was wir noch nie gehört haben.

Die Sehnsucht, mit anderen menschlichen Gruppen in Kontakt zu treten – sei es aus wissenschaftlicher Neugier, religiösem Eifer oder kolonialem Drang – hat uns immer wieder zu jenen Völkern geführt, die scheinbar außerhalb der Geschichte stehen. Isolierte Gruppen, deren Sprache, Weltbild und Lebensweise so anders sind, dass selbst der Versuch der Kommunikation an fundamentalen Grenzen scheitert.

Eines der bekanntesten Beispiele ist das Volk der Sentinelese auf North Sentinel Island im Indischen Ozean. Seit Jahrzehnten verweigern sie jeden Kontakt zur Außenwelt. Frühe Versuche indischer Anthropologen, mit Geschenken und friedlichen Gesten eine Brücke zu bauen, endeten stets mit Pfeilen und Rückzug. 2018 schließlich wurde ein US-amerikanischer Missionar getötet, als er versuchte, den Sentinelese das Christentum zu bringen. Es war eine tragische, aber auch klare Botschaft: Man kann nicht kommunizieren, wenn der Wille zur Sprache fehlt.

Doch auch wenn Kommunikation möglich ist, bleibt sie nicht immer leicht. Der Fall der Pirahã hat die Welt der Sprachwissenschaft erschüttert. Der Linguist Daniel Everett lebte jahrelang mit ihnen und entdeckte eine Sprache, die nahezu alles sprengt, was wir für „normal" halten: keine Zahlen, keine Zeitformen, kein überliefertes Wissen über die Vergangenheit. Die Pirahã-Sprache reflektiert einen radikalen Präsentismus – das Leben im Jetzt, ohne Geschichte. Hier zeigt sich: Sprache kann nicht nur Denkweisen ermöglichen, sondern sie auch begrenzen. Abstrakte Ideen – Religion, Eigentum, sogar Planungen für die Zukunft – finden in ihrer Sprache keinen Ausdruck. Everett, ursprünglich als Missionar unterwegs, scheiterte daran, ihnen selbst die grundlegendsten Konzepte des Christentums zu erklären. Ihre Sprache lässt solche Gedanken gar nicht zu.

Die Guru Yimithirr, indigene Völker Australiens, deren Sprachen keine Wörter wie „links" oder „rechts" kennen, sondern nur Himmelsrichtungen (Nord, Süd, West, Ost) orientieren sich räumlich mit einer unglaublichen Präzision. Ihre Sprache zwingt sie, sich ständig der Himmelsrichtung bewusst zu sein – und dadurch entwickeln sie ein völlig anderes Raumgefühl. Ein Kind in diesen Kulturen würde nicht sagen „Der Becher ist links von mir", sondern: „Der Becher ist südwestlich von meiner Hand".

Die Legende besagt, dass „Eskimos 50 Wörter für Schnee" haben – und sie ist nicht ganz falsch. Tatsächlich verfügen diese Sprachen über hoch differenzierte Begriffe für Schneearten, z. B. fallenden Schnee, alten Schnee, verwehten Schnee oder schmelzenden Schnee. Diese sprachliche Differenzierung ist ein direktes Überlebenswerkzeug in der harschen arktischen Umwelt. Wer viele Begriffe hat, erkennt viele Unterschiede – wer viele Unterschiede erkennt, trifft bessere Entscheidungen.

Aber nicht alle Geschichten verlaufen so dramatisch oder so verschlossen. In vielen Fällen gelang die vorsichtige Annäherung, oft mithilfe von Gesten, Bildern oder Klangexperimenten. Anthropologen, die mit Respekt und Geduld arbeiteten – wie bei den Kung in Afrika, den Ainu in Japan oder den Yuchi in Nordamerika – konnten wertvolle Einblicke in die Denk- und Ausdruckswelten dieser Kulturen gewinnen. Hier zeigt sich: Sprache ist nicht nur ein Werkzeug – sie ist ein Spiegel der Wirklichkeit, die eine Gesellschaft für sich zulässt.

Umso tragischer sind die Fälle, in denen dieser Spiegel zerbrochen wurde, bevor er verstanden war. Die tasmanischen Ureinwohner etwa wurden im 19. Jahrhundert fast vollständig ausgelöscht. Ihre Sprachen – komplex, einzigartig, voller Bedeutungen – sind heute verloren. Nicht, weil sie keine Sprache hatten. Sondern weil niemand mit ihnen sprechen wollte.Ohne Sprache gibt es keine Geschichte – und ohne Geschichte keine Zivilisation. Erinnerungen im tierischen Gehirn sind oft sensorisch, emotional, instinktiv gebunden. Der Mensch aber hat gelernt, Erinnerungen zu benennen, zu strukturieren und weiterzugeben. Sprache ist das

Abbildung 3. Die erste Software der Menschheit:
Sprache. Was das Auge sah, wurde nun auch gesagt.
Die Stimme wurde zum Werkzeug – mächtiger als Stein
und Feuer.

Gedächtnis der Menschheit. Sie verwandelt individuelles Erleben in kollektives Wissen.

Das Gedächtnis funktioniert nicht wie ein Videorekorder, sondern wie ein Erzähler: Jeder erinnert sich durch Worte. Wir rekonstruieren Ereignisse durch Geschichten, nicht durch rohe Daten. Und was sich nicht erzählen lässt, geht verloren. Besonders deutlich wird das bei Kulturen ohne Schrift. Dort war Sprache jahrtausendelang das einzige Archiv, über das Rituale, Wissen, Namen, Mythen und Regeln bewahrt wurden – oft durch Lieder, Gedichte und wiederholte Erzählungen. Die Sprache wurde zum Gedächtnis der Gemeinschaft – aber auch zu ihrem Filter: Was nicht sprachlich bewahrt wurde, starb mit dem letzten Erzähler. Sprache ist niemals neutral. Sie bestimmt, wer spricht, was gesagt werden darf, und wer gehört wird. Wer die Begriffe kontrolliert, kontrolliert oft auch das Denken – und damit das Handeln. Politik, Religion, Recht – alles beginnt mit dem Festlegen von Bedeutungen.

Schon in frühen Hochkulturen galt Sprache als Machtmittel: Gesetze wurden niedergeschrieben, Mythen als göttlich erklärt, Titel und Namen sorgten für soziale Ordnung. Im Extremfall wurde Sprache sogar monopolisiert – etwa durch die Priesterkaste in Ägypten oder durch die Schriftgelehrten in Mesopotamien. Wer schreiben konnte, hatte Macht. Wer bestimmen durfte, welche Wörter zählen, bestimmte auch, welche Realität anerkannt wird. Auch heute noch ist Sprache ein Instrument der Machtausübung: Politische Rhetorik, Propaganda, soziale Codes – all das zeigt, wie sehr Wörter lenken können. „Befreiung" oder „Invasion"? „Kollateralschaden" oder „Tötung von Zivilisten"? Sprache formt nicht nur Realität, sie kann sie auch manipulieren. Und wer andere zum Schweigen bringt, kontrolliert nicht nur den Diskurs – sondern auch die Zukunft.

Wenn wir auf die isolierten oder traditionellen Kulturen dieser Erde blicken – von den Pirahã am Maici-Fluss über die Hadza in Tansania bis zu den Sentinelesen im Indischen Ozean – sehen wir etwas Erstaunliches: Sie alle befinden sich auf den ersten drei Stationen unseres Entwicklungsmodells. Werkzeuge, Feuer, Sprache – sie sind Teil ihres Alltags. Doch ab der vierten Station, der Erfindung der Schrift, endet die Gemeinsamkeit. Keine bekannte nicht-industrielle Kultur hat die Schwelle zur Speicherung von Wissen in abstrakter Form überschritten. Keine hat Landwirtschaft im modernen Sinne institutionalisiert, keine besitzt ein System aus Maschinen, keine betreibt Wissenschaft im heutigen Verständnis.

Tabelle: Zivilisationsstufen und der Stand isolierter Gemeinschaften (z. B. indigene Völker, unkontaktierte Gruppen)

Nr.	Station	Kurzbeschreibung	Erreichtes Niveau (geschätzt)
1	Werkzeuggebrauch	Nutzung einfacher Werkzeuge (Stöcke, Steine, Speere, Schaber etc.)	80 %–90 %
2	Kontrolle des Feuers	Feuer machen und systematisch nutzen	70 %–80 %
3	Sprache & symbolische Kommunikation	Vollständige Sprache, mündliche Weitergabe, Symbolverwendung	95 %
4	Schrift & Speicherung von Wissen	Abstrakte Symbole, dokumentiertes Wissen, Lesefähigkeit	0 %
5	Landwirtschaft & Sesshaftigkeit	Bewusster Pflanzenbau, Vorratswirtschaft, feste Siedlungen	10 %–30 %
6	Mechanik & einfache Maschinen	Nutzung von Hebeln, Rollen, Booten mit Segeln, einfachen Vorrichtungen	10 %–20 %
7	Wissenschaftliche Methode	Beobachtung, Hypothesenbildung, systematische Überprüfung	0 %
8	Kontrolle über Energiequellen	Nutzung von Strom, fossilen Brennstoffen, Motoren, Wasserkraft etc.	0 %
9	Informationszeitalter	Elektronik, Internet, digitale Medien	0 %
10	Künstliche Intelligenz	Lernfähige Maschinen, Automatisierung komplexer Aufgaben	0 %
11	Raumfahrt & interplanetare Expansion	Zugang zum Orbit, Satelliten, interplanetare Forschung	0 %
12	Kontrolle über Materie & Leben	Gentechnologie, Nanotechnologie, Bewusstseinstechnologien	0 %

Ab Station 4 ist die Menschheit allein. Und dieser Moment ist entscheidend. Denn es bedeutet auch: All das, was danach kam – von Alphabet über Elektrizität bis hin zur künstlichen Intelligenz – ist nicht selbstverständlich. Es ist nicht „natürlich". Es ist kein Automatismus der Evolution. Es ist eine außergewöhnliche Reihe von Entscheidungen, Entdeckungen, Weitergaben.

So weit Sprache auch tragen kann – sie bleibt flüchtig. Gesprochenes vergeht. Worte verklingen, Erinnerungen verblassen, Bedeutungen verändern sich. Was in einer Nacht am Feuer erzählt wurde, ist am Morgen oft schon verzerrt. Und was eine Generation weitergegeben hat, ist zwei Generationen später nur noch ein Schatten dessen, was einmal gemeint war.

Sprache macht aus Menschen Gruppen. Doch die Schrift macht aus Gruppen Kulturen. Erst mit ihr entsteht eine neue Qualität: Gedächtnis ohne Gehirn, Wissen ohne Sprecher, Ordnung ohne Präsenz. Die Schrift ist das externe Gedächtnis der Menschheit. Sie ist kein bloßes Werkzeug – sie ist ein zweiter Speicher.

Und so beginnt der nächste Schritt. Der Moment, in dem Worte nicht mehr nur gehört, sondern gesehen, fixiert, wiederholt und überdauert werden können. Sprache wird zu Zeichen. Zeichen werden zu Symbolen. Und Symbole beginnen, das Leben zu strukturieren.

Wo Sprache das Feuer der Bedeutung entzündete, da goss die Schrift Öl hinein – damit es nicht erlischt.

KAPITEL 4

SCHRIFT & SPEICHERUNG VON WISSEN

„Schrift war mehr als Kommunikation – sie war der erste Speicher menschlicher Unsterblichkeit."

Es gibt Momente, in denen der Mensch nicht nur lebt – sondern beginnt, Spuren zu hinterlassen. Die Schrift war so ein Moment.

Zum ersten Mal wurde Bedeutung aus Fleisch gelöst. Nicht mehr an Stimme gebunden, nicht mehr auf Gedächtnis angewiesen. Gedanken, die bisher nur in Köpfen kreisten, legten sich nieder – auf Tontafeln, in Rinden, auf Stein. Sie wurden unabhängig vom Körper, unabhängig von der Zeit.

Die Sprache hatte schon Gemeinschaft erschaffen. Doch die Schrift erschuf Geschichte. Sie war nicht nur ein Mittel, um zu kommunizieren – sie war ein Mittel, um zu bleiben.

Plötzlich konnte man zählen, verwalten, versprechen, fordern – über Raum und Generationen hinweg. Plötzlich war das „Ich" nicht mehr allein im Jetzt. Mit Schrift wurde das Denken linear, planbar, archivierbar.

Doch wie bei jeder großen Station war auch diese doppeldeutig: Schrift konservierte Wahrheit – und auch Lüge. Sie konnte befreien – und kontrollieren. Sie war Ordnung – und Macht.

Und doch: Ohne sie wäre alles, was wir heute sind, längst verweht.

Mit Schrift begann der Mensch, mit der Zeit zu verhandeln. Und zum ersten Mal hatte er gute Karten in der Hand.

Ohne Schrift ist komplexes Denken wie Mathematik oder Naturwissenschaft kaum möglich. Wer einmal versucht hat, eine längere Gleichung im Kopf zu behalten, spürt sofort die Grenze: Unser Gedächtnis reicht nur für Fragmente. Doch mit Schrift – mit Zeichen, Symbolen, Formeln – wird das Denken externalisiert. Man kann zurückblättern, vergleichen, verwerfen, verbessern. Man kann sichtbar machen, was sonst im Verborgenen bleibt.

Geometrie ohne Schrift? Undenkbar. Linien, Winkel, Beweise – sie alle brauchen Raum, um gedacht zu werden. Die Schrift schenkt uns diesen Raum.

Unser Held in diesem Kapitel bleibt namenlos. Er lebte vor über 5.000 Jahren in der Stadt Uruk, einem der ersten urbanen Zentren der Menschheit – irgendwo im heutigen Irak. Er war ein Verwalter, ein Schreiber, vielleicht ein einfacher Beamter. Und doch war sein Beitrag größer als der mancher Kaiser. Denn dieser Mensch – oder einer seiner Kollegen – tat etwas, das die Welt verändern sollte: Er ritzte Zeichen in weichen Ton. Nicht aus Kunst. Nicht aus Poesie. Sondern um zu zählen. Zu dokumentieren. Zu erinnern. Wie viel Getreide war gelagert? Wie viele Ziegen wurden abgegeben? Wer schuldete wem wie viel? Es waren die ersten Systeme der Schrift. Und mit ihnen begann eine neue Ära: Gedanken wurden extern. Erinnerungen speicherbar. Wissen übertragbar. Was vorher in Köpfen blieb, konnte nun über Jahrhunderte weiterleben. Der Schreiber von Uruk – wer immer er war – schuf nicht nur ein Verwaltungssystem. Er öffnete ein Tor, durch das die Geschichte selbst schreiten konnte.

Auch unsere Sprache selbst erfährt eine neue Dimension: Sie wird nicht nur gesprochen – sie wird geteilt, über Zeit und Ort hinweg. Ein Schriftsteller schreibt – und kennt seine Leser nicht. Doch er spricht mit ihnen, beeinflusst sie, inspiriert sie. Jahrhunderte später. In anderen Ländern. In anderen Leben. Aus Lesern werden neue Autoren. Aus Ideen neue Bücher. Ein endloser Strom von Gedanken, gespeist aus einer einzigen Quelle.

Albert Einstein soll gesagt haben: „Wenn ich weiter sehen konnte, dann nur, weil ich auf den Schultern von Giganten stand." Doch diese Schultern waren oft aus Worten gebaut – niedergeschrieben, bewahrt, zugänglich. Ohne Schrift hätte kein Pythagoras, kein Newton, kein Einstein je auf die Erkenntnisse der Vorgänger zugreifen können. Die Schrift ist kein Werkzeug. Sie ist ein Verstärker – für das Gedächtnis, für die Zusammenarbeit, für das Denken selbst. Und sie ist der erste Beweis, dass Gedanken über Jahrtausende wandern können – unbeschadet, unvergessen.

Obwohl Schrift und die Speicherung von Wissen eng miteinander verwoben erscheinen, sind sie nicht dasselbe. Schrift ist zunächst nichts weiter als ein grafisches System – ein Mittel, um gesprochene Sprache in sichtbare Zeichen zu übersetzen. Sie ist ein Werkzeug, eine Technologie, die es ermöglicht, das Flüchtige festzuhalten. Aber Schrift allein speichert noch kein Wissen. Ein Kind, das „Mama" auf ein Blatt Papier schreibt, nutzt Schrift – doch kein relevantes Wissen wurde damit bewahrt. Ebenso umgekehrt: Viele Kulturen, die niemals eine Schrift entwickelt haben, besitzen dennoch ein gewaltiges Reservoir an Wissen – über Natur, über Sterne, über Pflanzen, Krankheiten, Geburt und Tod. Dieses Wissen wurde über Generationen hinweg bewahrt – durch Rituale, Lieder, Geschichten, Mythen. Es ist Wissen, das sich nicht über Buchstaben, sondern über Erinnerung und Gemeinschaft erhält.

Erst wenn die Schrift bewusst dazu genutzt wird, etwas überzeitlich festzuhalten – etwa ein Gesetz, einen Handel, einen Mythos –

beginnt ein neuer Abschnitt. Dann wird sie mehr als ein Zeichensystem. Dann wird sie Gedächtnis. Dann beginnt Geschichte – nicht im Sinne von Ereignissen, sondern im Sinne von Dokumentation. Und genau an diesem Punkt trennt sich die bloße Fähigkeit zu schreiben von der Fähigkeit, Wissen zu speichern. Die eine Seite ist Form, die andere Inhalt. Die eine Technik, die andere Absicht. Schrift ist das Medium. Die Speicherung von Wissen ist das Ziel. Erst wenn beides sich vereint, ändert sich der Lauf der Zivilisation. Erst dann kann ein Mensch schreiben – und ein anderer, Jahrhunderte später, antworten.

Schrift ist nicht nur Erinnerung – sie ist Bewegung. Denn wer schreibt, hält nicht nur fest, sondern sendet. Jedes geschriebene Zeichen ist ein Impuls in die Zukunft, eine ausgestreckte Hand über Raum und Zeit hinweg. Sprache ist flüchtig, Schrift bleibt. Sprache endet im Ohr, Schrift findet ihren Weg in das Denken eines anderen – oft viele Jahre, manchmal Jahrhunderte später. Ein gesprochenes Wort stirbt, sobald es ausgesprochen ist. Ein geschriebenes Wort lebt, solange es gelesen wird.

Das Senden von Gedanken durch Zeichen – das ist der eigentliche Zauber der Schrift. Es ist, als würde man seinen Verstand duplizieren, ihn in Form bringen, ihn hinauslegen wie Brot auf den Tisch – in der Hoffnung, dass jemand kommt, der ihn isst. Schrift macht Gedanken übertragbar. Und nicht nur an die Menschen um einen herum, sondern an die, die man nie kennenlernen wird.

Das ist es, was ein Buch ausmacht. Ein Buch ist mehr als Papier mit Tinte. Ein Buch ist ein Gedankenträger. Es ist die präziseste Form, mit der ein Mensch mit anderen kommuniziert – über Distanzen, über Zeiten, über Kulturen hinweg. Ein Buch ist eine Brücke zwischen zwei Bewusstseinen: dem des Autors und dem des Lesers. Wenn jemand ein Buch liest, geschieht etwas Unglaubliches: Zwei Gehirne sprechen miteinander, obwohl sie sich nie begegnet sind. Der eine denkt, der andere versteht – manchmal Jahrhunderte später.

Abbildung 4. Von Höhlenwänden zu interstellaren Botschaften - die Schrift durchbrach Raum und Zeit. Vom Papyrus in der Wüste bis zur goldenen Tafel im All. So viel Macht hat diese Station.

Ein Buch ist damit ein Speicher, ein Sender, ein Spiegel, ein Lehrer, ein Mitreisender. Es hat Gewicht – nicht nur in Gramm, sondern in Bedeutung. Bücher haben Kriege ausgelöst und beendet. Sie haben Religionen gegründet, Revolutionen vorbereitet, Träume genährt und Welten erschaffen. Ohne Bücher gäbe es keine Geschichte – nur Geschichten. Kein kollektives Gedächtnis – nur

Erinnerungen. Kein Nachdenken in Tiefe – nur das Flackern des Augenblicks.

Und mehr noch: Ein Buch verändert nicht nur den Leser. Es kann den Leser in einen neuen Schreiber verwandeln. Jedes große Buch trägt den Keim für ein weiteres. Jeder, der liest, trägt die Möglichkeit in sich, eines Tages selbst zu schreiben – und damit wieder zu senden. In diesem endlosen Kreislauf besteht vielleicht der tiefste Sinn der Schrift: dass sie aus dem Einzelnen einen Teil eines viel größeren Gewebes macht. Ein Netz aus Gedanken, ein Organismus aus Bedeutung.

Und so ist ein Buch nicht nur ein Objekt – es ist ein Knotenpunkt in diesem Netz. Und jeder Buchstabe, jede Zeile, jede Seite ist ein Zeichen dafür, dass jemand nicht nur gedacht hat – sondern dass jemand etwas senden wollte.

Die ältesten bekannten Schriftsysteme – Keilschrift in Mesopotamien und Hieroglyphen in Ägypten – entstanden etwa um 3.200 v. Chr.. Das ist gerade mal 5.000 Jahre her – ein Wimpernschlag im Verhältnis zur Existenz des modernen Menschen (Homo sapiens seit mindestens 300.000 Jahren).

Sprachlich konnten Menschen schon lange zuvor kommunizieren, aber ohne Schrift war Wissen flüchtig. Es musste mündlich weitergegeben werden – mit allen Nachteilen von Verfälschung, Vergessen, Umdeutung. Erst mit der Schrift entstand die Möglichkeit, Wissen unabhängig vom Gedächtnis zu konservieren. Erst jetzt war eine echte Verwaltung möglich, eine Geschichtsschreibung, eine Philosophie, eine Wissenschaft. Zeitraum: ca. 98 % der Menschheitsgeschichte ohne Schrift – und dann der große Sprung.

Kein Tier auf der Erde – nicht einmal die intelligentesten Arten wie Menschenaffen, Delfine, Krähen oder Elefanten – hat auch nur ansatzweise eine Form von Schrift entwickelt. Zwar gibt es Ansätze zur symbolischen Kommunikation bei Tieren (etwa die

Verwendung bestimmter Zeichen in der Delfin-Kommunikation oder das Erlernen von Symbolen durch Bonobos in Laborumgebungen), aber: diese Zeichen wurden ihnen beigebracht. Es gibt kein Beispiel dafür, dass ein Tier eigenständig ein System

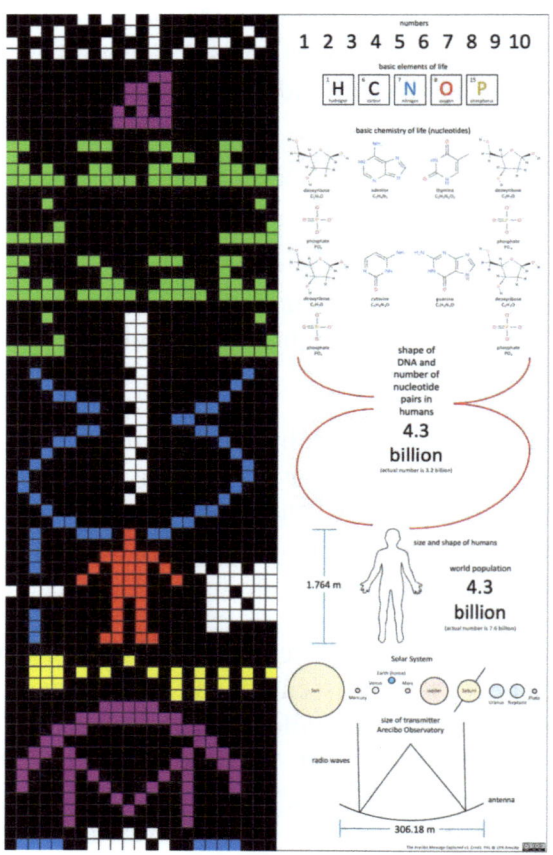

Abbildung 5. Kein Mythos, kein Märchen – nur 1679 Nullen und Einsen, die hoffen, verstanden zu werden.

Abbildung entnommen von: Le Cosmographe, *Le message d'Arecibo : signification et réponse supposée ?*, https://www.lecosmographe.com/blog/le-message-d-arecibo/, Stand: April 2025.

von dauerhaften, kodifizierten Symbolen entwickelt hat, um Wissen unabhängig vom Individuum zu speichern.

Was bei Tieren niemals geschah, wurde beim Menschen zur nächsten logischen Konsequenz: der Drang, das eigene Wissen über Raum und Zeit hinaus mitzuteilen. Am 16. November 1974 richteten Menschen ihre Technologie ins All und sandten eine Botschaft an einen fernen Ort: den Sternhaufen M13, rund 25.000 Lichtjahre entfernt. Es war die sogenannte Arecibo-Botschaft, benannt nach dem Radioteleskop in Puerto Rico, von dem sie ausgestrahlt wurde. Es war kein Brief. Kein Buch. Kein Gedicht. Es war ein binärer Code – 1.679 Zeichen lang, mathematisch gewählt, bewusst zusammengesetzt.

Da sich Radiowellen mit Lichtgeschwindigkeit ausbreiten, hat die Botschaft seit ihrer Aussendung im Jahr 1974 eine Strecke von etwa 51 Lichtjahren zurückgelegt (Stand: 2025). Dies bedeutet, dass sie noch einen weiten Weg vor sich hat, bevor sie M13 erreicht. Die Botschaft wird voraussichtlich im Jahr 25974 dort ankommen. Natürlich wusste man, dass niemals eine Antwort kommen würde. Selbst wenn dort Leben existierte, würde eine Reaktion frühestens in 50.000 Jahren eintreffen. Doch darum ging es nicht. Es war ein Akt der Symbolik – ein Ausdruck dessen, was Schrift im tiefsten Sinne ist: die bewusste Ordnung von Information, gerichtet an ein unbekanntes Gegenüber.

Die Nachricht war mehr als nur Technik. Sie war ein kondensiertes Selbstporträt der Menschheit, verpackt in binäre Zeichen:
Zahlen von 1 bis 10. Die chemischen Elemente der DNA: Wasserstoff, Kohlenstoff, Stickstoff, Sauerstoff, Phosphor. Die Doppelhelix selbst. Ein Mensch, 1,76 Meter groß, zusammen mit der damaligen Weltbevölkerung: rund 4,29 Milliarden. Unser Sonnensystem – mit der Erde hervorgehoben. Und schließlich: eine schematische Darstellung des Arecibo-Teleskops selbst, als Hinweis auf die Quelle dieser Nachricht. Doch was war diese Botschaft wirklich? Nicht Sprache im klassischen Sinn. Keine

Wörter, keine Grammatik, keine Stimme. Und doch war es Sprache – universeller gedacht. Symbolik in Raum und Struktur. Eine Schrift, befreit von Tinte und Papier, geformt durch Mathematik und Intention.

Schrift bedeutet nicht, dass man nur schreibt. Schrift bedeutet, dass man denkt – und diesen Gedanken durch Raum und Zeit sendet. Vielleicht war die Arecibo-Botschaft der reinste Ausdruck dieser Idee: eine Nachricht, die sich nicht an bekannte Empfänger richtet, sondern an alle, die verstehen könnten. Sie bewies, dass Schrift nicht an Material gebunden ist. Sie kann auf Steintafeln gemeißelt, in Bücher gebunden oder in Radiowellen kodiert sein. Sie bewies auch, dass Schrift nicht nur ein Speicher ist. Sie ist ein Ruf. Ein Impuls. Eine ausgestreckte Hand.

Die Arecibo-Botschaft war nicht die einzige dieser Art. Die Menschheit sendete auch goldene Platten an Bord der Voyager-Sonden, mit Musik, Grußworten, Bildern und sogar der Position unseres Sonnensystems. Doch während die Voyager-Platten wie eine Flaschenpost sind – still treibend durchs All –, war die Arecibo-Nachricht der erste Versuch, gezielt eine Schrift über interstellare Distanz zu senden.

Ein YouTube-Projekt zeigte Jahre später, wie außergewöhnlich dieses Unterfangen war: In einem Experiment ließ der Kanal Vsauce (Vsauce: Messages for the Future. YouTube, veröffentlicht am 6. Mai 2022. https://youtu.be/xna-kdXZQHQ) verschiedene Menschen aus unterschiedlichsten Kontexten diese kodierte Nachricht betrachten – ohne Vorwissen. Niemand verstand sofort, was sie sahen. Aber alle erkannten: Hier war etwas Gemeintes. Etwas, das entziffert werden sollte. Eine Bedeutung, die irgendwo darin verborgen lag.

Vielleicht ist das der Kern der Schrift.
Sie ist nicht nur Verständigung – sie ist die Einladung zur Deutung.

Und genau das unterscheidet eine Zivilisation von einer Spezies: Nicht nur Geräusche zu machen. Sondern Bedeutung zu erzeugen. Und diese Bedeutung durch Raum, Zeit – und manchmal sogar durch Lichtjahre – zu senden.

Schrift ist nicht nur ein Werkzeug der Erinnerung – sie ist auch ein Werkzeug der Hoffnung. Vielleicht nirgendwo wird das deutlicher als bei der goldenen Schallplatte, die die Menschheit 1977 mit den beiden Raumsonden Voyager 1 und Voyager 2 in den interstellaren Raum schickte. Diese Schallplatte war kein Tonträger im herkömmlichen Sinne. Sie war eine Nachricht – nicht an Menschen, sondern an denkende Wesen jenseits unserer Welt. Und sie war in gewisser Weise die bedeutendste Anwendung von Schrift, die je versucht wurde: eine interstellare Botschaft an das Unbekannte.

Die goldene Schallplatte der Voyager – ein Vermächtnis aus Kupfer, eingehüllt in vergoldetes Aluminium, versehen mit einer fein kalkulierten Spur Uran-238. Nicht zum Schutz, sondern zur Kommunikation. Denn dieses radioaktive Isotop zerfällt über Zeit in Thorium-234 – ein natürlicher Zeitmesser für jene, die sie vielleicht in ferner Zukunft finden. Eine Möglichkeit, nicht nur unsere Stimme, sondern auch unser Alter zu übermitteln.

Die Scheibe selbst – etwa 30 Zentimeter groß – trägt am Anfang 116 analoge Bilder: Diagramme, Fotos, Darstellungen von Wissenschaft, Alltag, Anatomie, Liebe, Geburt, Städte, Landschaften – das visuelle Selbstporträt einer Welt. Danach folgen Audiodaten. Gesprochene Grüße in 55 Sprachen – vom Arabischen bis zum Walisischen. Der deutsche Beitrag? Schlicht und warm: „Herzliche Grüße an alle", gesprochen von der Sprachwissenschaftlerin Renate Born.

Aber es blieb nicht bei Worten. Auch Klänge unserer Welt wurden mitgeschickt: Wind, Donner, das Lachen eines Kindes, das Schlagen eines Herzens, Tierstimmen, ein startendes Raumschiff. Und schließlich Musik – 90 Minuten, sorgfältig ausgewählt. Von

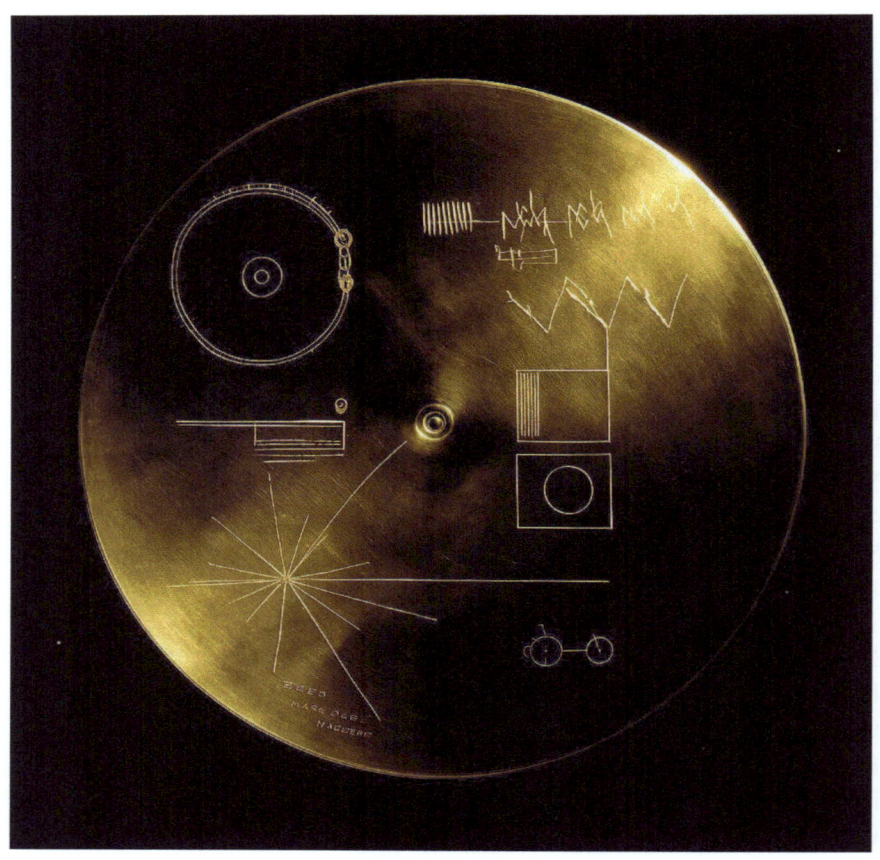

Abbildung 6. Die goldene Schallplatte der Voyager. Ein Gruß, geformt aus Musik, Sprache und Träumen – unser erstes Wort an das Universum.

Johann Sebastian Bach bis Beethoven, von Mozart bis Louis Armstrong, von traditioneller Musik aus Afrika bis zu Chuck Berrys Johnny B. Goode.

Neben diesen Klängen enthielt die Platte auch eine geschriebene Botschaft – ein Gruß von US-Präsident Jimmy Carter, der schrieb: „Dies ist ein Geschenk einer kleinen, fernen Welt. Ein Zeichen unserer Töne, unserer Wissenschaft, unserer Bilder, unserer Musik, unserer Gedanken und Gefühle. Wir versuchen, unsere Zeit am Leben zu überdauern."

Ein symbolisches Dokument der Menschheit – gesendet in die Dunkelheit, ohne Gewissheit, aber mit Würde. Vielleicht findet es nie ein Empfänger. Vielleicht wird es irgendwann geborgen – von Wesen, die unsere Sprache nicht sprechen, aber unsere Absicht spüren. Es ist mehr als Schrift. Es ist ein Flüstern in den Kosmos – in der Hoffnung, dass jemand zuhört.

So wie wir die Entwicklung von Intelligenz verstehen, erscheint es nahezu ausgeschlossen, dass eine Zivilisation die Station „Schrift" überspringt. Denn Schrift ist nicht bloß ein Mittel der Kommunikation – sie ist eine Struktur zur Ordnung des Denkens. Sie erlaubt, was kein Gehirn allein leisten kann: das Festhalten komplexer Gedanken über Zeit, Raum und Generationen hinweg. Zwar ließe sich theoretisch eine Kultur vorstellen, die Wissen ausschließlich mündlich weitergibt oder in Bildsymbolen bewahrt – doch selbst die ausgeklügeltste orale Tradition stößt an Grenzen. Das Gedächtnis ist begrenzt, fehleranfällig und stirbt mit dem Träger. Informationen verflüchtigen sich, Nuancen verschwinden, Systeme erodieren. Auch eine biologische Hochzivilisation, deren Mitglieder neuronale Informationen direkt teilen – etwa über chemische, elektrische oder synaptische Netzwerke – müsste irgendwann Strukturen zur externen Auslagerung entwickeln. Und was ist das anderes als Schrift? Vielleicht nicht auf Papyrus, sondern in Molekülen oder Magnetfeldern. Doch der Zweck wäre derselbe: Gedankensicherung durch Externalisierung. Die Funktion ist universell – das Medium mag variieren. Schrift muss nicht aussehen wie unsere. Aber jede Zivilisation, die dauerhaft bestehen, forschen, lehren und ihre Vergangenheit verstehen will, wird eine Form von „Schrift" entwickeln müssen. Sie ist nicht optional – sie ist der stille Grundstein von allem, was bleibt.

Das alles ist Schrift – in ihrer weitesten und schönsten Form. Nicht Buchstaben auf Papier, sondern kodierte Zeichen in Metall, die eine

Botschaft tragen: „Wir waren hier. Wir wollten teilen. Wir wollten verstanden werden." Und vielleicht ist genau das der Beweis dafür, wie tief die Station „Schrift" reicht: Sie dient nicht nur dem Erinnern, sondern auch dem Erreichen. Nicht nur dem Festhalten, sondern dem Senden. In dieser einen vergoldeten Tafel kulminiert alles – Sprache, Wissen, Symbol, Technik, Hoffnung. Die Schrift wurde zur Stimme der Menschheit – in Richtung Ewigkeit.

Die Schrift war nicht der Anfang der Zivilisation – sie war ihre Antwort. Eine Reaktion auf eine neue, stille Revolution: Menschen, die blieben, wo sie einst zogen. Felder, die Frucht trugen, statt Wild, das floh. Körner, die gesammelt, gespeichert, gezählt wurden. Grenzen, die nicht mehr verschoben, sondern verteidigt wurden. Und Götter, die nun täglich Nahrung verlangten, nicht nur in Worten, sondern in Ritualen.

So begann eine der folgenschwersten Entscheidungen der Menschheit: die Abkehr vom Nomadentum. Nicht mit Krieg, nicht mit Feuer – sondern mit Samen, gepflanzt in weichen Boden. Aus der Jagd wurde Planung. Aus dem Zufall wurde Kalender. Aus Bewegung wurde Besitz.

Die nächste Station ist kein Werkzeug in der Hand – sie ist ein Schritt in eine völlig neue Daseinsform. Die Wildnis wich dem Dorf. Die Freiheit dem Fundament. Die Steppe dem Staat.

Die Zivilisation atmete zum ersten Mal regelmäßig – im Takt der Ernte.

KAPITEL 5

LANDWIRTSCHAFT & SESSHAFTIGKEIT

„Wo der erste Same fiel, begann das Bleiben."

Vom Jäger zum Siedler – ein leiser Umbruch, der alles veränderte. Es war kein lauter Moment. Kein plötzliches Aufblitzen wie beim Feuer, kein Hallen von Stimmen wie bei der Sprache, keine Goldplatte, die durchs All flog. Und doch war es einer der gewaltigsten Wendepunkte der Menschheitsgeschichte: Der Moment, in dem der Mensch stehen blieb.

Zuvor war Bewegung sein Wesen. Der Homo sapiens war ein Nomade, ein Jäger, ein Sammler. Sein Leben war geprägt vom Wandel der Jahreszeiten, den Spuren im Sand, dem Horizont als Zuhause. Nahrung wurde gesucht, nicht produziert. Die Welt war offen, wild, fließend – und die Beziehungen darin waren flexibel, spontan, unmittelbar.

Dann aber geschah etwas Unerhörtes: Menschen begannen, Wurzeln zu schlagen. Nicht metaphorisch, sondern ganz konkret. Sie pflanzten Körner in die Erde – und warteten. Und mit diesem Warten veränderte sich alles.

Allein durch das Aufgeben des Nomadentums und das Bleiben an einem Ort wurde ein kulturelles Erdbeben ausgelöst. Denn dieser

Übergang war nicht bloß ein neuer Beruf oder ein technologischer Fortschritt. Es war ein Paradigmenwechsel. Der Jäger lebte in der Natur – der Siedler begann, sie zu gestalten. Der Sammler vertraute dem Rhythmus der Erde – der Bauer zwang ihr einen neuen Rhythmus auf.

Mit dem Getreide kam die Vorratskammer. Mit der Vorratskammer kam der Besitz. Mit dem Besitz kamen Zäune. Und mit Zäunen kam Streit. Zum ersten Mal musste geregelt werden, wem was gehört – und wie viel. Das bedeutete: Organisation. Gesellschaft. Hierarchien.

Der Boden wurde zum neuen Horizont, das Dorf zum neuen Kosmos. Und obwohl der Akt des Pflanzens leise war, fast unsichtbar, veränderte er nicht nur die Umwelt – er veränderte das Denken. Aus Bewegung wurde Planung. Aus Spontaneität wurde Struktur. Aus Freiheit wurde Sicherheit – aber auch Verantwortung, Last, und manchmal auch Langeweile.

Die Landwirtschaft war kein Geschenk. Sie brachte zwar Verlässlichkeit, aber auch neue Sorgen: Missernten, Parasiten, die Abhängigkeit von Klima und Boden. Und doch setzte sich dieser neue Lebensstil durch – weil er eines versprach: Zukunft.

Denn wer bleibt, beginnt zu bauen. Wer baut, beginnt zu rechnen. Wer rechnet, beginnt zu schreiben. Und wer schreibt, beginnt Geschichte zu haben.

Unser Held dieses Kapitels ist kein Einzelner – es ist ein ganzes Dorf. Çatalhöyük, gelegen im heutigen Anatolien, gehört zu den ältesten bekannten Siedlungen der Menschheitsgeschichte. Bereits um 7500 v. Chr. lebten hier Hunderte, vielleicht Tausende Menschen – dicht aneinandergedrängt, Haus an Haus, ohne Straßen, ohne Paläste, ohne Könige. Man stieg durch Dächer ein, schlief in Wohnräumen neben den Gräbern der Ahnen, malte auf die Wände und teilte, was das Land hergab: Getreide, Ziegen, Werkzeuge, Geschichten.

Hier sehen wir die Sesshaftigkeit nicht als technologische Explosion, sondern als soziale Revolution. Menschen blieben. Bautätigkeit wurde Routine. Ernte war keine Laune der Wildnis mehr, sondern ein Ergebnis von Planung. Und mit dieser neuen Ordnung entstanden Rituale, Vorratswirtschaft, soziale Rollen – vielleicht sogar frühe Religion. Çatalhöyük ist nicht die Wiege der ersten Stadt – aber der erste Blick in einen Lebensstil, der sich über Jahrtausende durchsetzen sollte: Die Idee, dass Heimat ein Ort ist – und nicht ein Weg.

Die Sesshaftigkeit war also mehr als ein Lebensstil. Sie war die Voraussetzung für all das, was danach kam: Städte, Staaten, Geld, Religion, Wissenschaft. Und sie war vielleicht die erste Entscheidung, die nicht mehr rückgängig zu machen war. Der Mensch hatte sich entschieden zu bleiben. Und damit begann eine neue Ära.

In der Welt der Tiere gibt es faszinierende Formen von Revierverhalten, Vorratshaltung oder Nahrungsmanagement – aber nichts, das dem entspricht, was wir als Landwirtschaft kennen. Einige Ameisenarten züchten Pilze, Blattschneiderameisen betreiben quasi eine Form von „Landwirtschaft", bei der sie Blätter sammeln, um damit unterirdische Pilzgärten zu pflegen. Biber bauen Dämme, um Wasserläufe zu kontrollieren – eine Art frühe Landschaftsgestaltung. Auch Eichhörnchen oder Vögel verstecken Nahrung für den Winter. Doch all das ist instinktgeleitet, genetisch vorprogrammiert – keine bewusste Entwicklung einer Methode, kein Prozess des Lernens, der Variation und Optimierung über Generationen hinweg.

Der Schritt zur gezielten Kultivierung von Pflanzen und zur Domestikation von Tieren – also die bewusste, systematische Veränderung von Umweltbedingungen zum eigenen Nutzen – ist bisher ausschließlich dem Menschen vorbehalten geblieben. Es ist die erste Station, bei der wirklich niemand sonst mitgeht.

Abbildung 7. Der Moment, in dem Felder wuchsen – und damit Städte, Geschichten, Schicksale.

Rein hypothetisch lässt sich natürlich eine Zivilisation vorstellen, die niemals sesshaft wurde und dennoch eine Form von Wohlstand entwickelte – etwa durch extrem effizientes Jagen und Sammeln, durch hochspezialisierte Plünderungskulturen, durch mobile Hochseefischerei oder gar durch technologisch fortgeschrittene Nomadengesellschaften, die mit Drohnen, KI und regenerativen Ressourcen arbeiten. Und doch geraten all diese Modelle früher oder später an strukturelle Grenzen.

Denn ohne Sesshaftigkeit fehlt ein zentraler Pfeiler jeder Hochkultur: die Stabilität. Ohne verlässlichen Ort gibt es keine Städte. Ohne Städte keine dauerhafte Arbeitsteilung, keine Spezialisierung, keine komplexe Infrastruktur. Ohne Felder oder kontrollierte Ressourcenspeicher lassen sich weder Vorräte noch Generationenpläne sichern. Selbst eine mobile Supergesellschaft, die sich technologisch selbst versorgt, müsste irgendwann beginnen, Lebensgrundlagen gezielt zu sichern – und würde damit unweigerlich in eine Form von Sesshaftigkeit hineinwachsen.

Vor allem aber: Ohne Landwirtschaft gibt es keinen kalkulierbaren Nahrungsvorrat. Nahrung wird zum Glücksspiel, Überleben zur Wette auf die Natur. Der Schritt zur eigenen Produktion von Nahrungsmitteln – sei es durch Pflanzenbau, Viehzucht oder Aquakultur – ist keine kulturelle Spielart. Es ist ein tiefgreifender Wechsel in der Beziehung zur Welt. Er bedeutet: Wir warten nicht mehr auf das, was die Umwelt uns gibt. Wir erzeugen es selbst.

Die Sesshaftigkeit, wie wir sie kennen – mit Feldern, Dörfern, Scheunen und Zäunen – ist nur eine von vielen möglichen Ausprägungen. Aber die Grundidee bleibt dieselbe: Kontrolle über die Nahrung, Kontrolle über den Ort, Kontrolle über die Zukunft. Eine Zivilisation, die diesen Schritt nie geht, bleibt abhängig von Laune, Klima und Zufall – und damit verletzlicher als jede mitteleuropäische Kleinstadt.

Man kann also sagen: Sesshaftigkeit ist keine unvermeidliche Form – aber ein unverzichtbarer Inhalt. Wer sie auslässt, baut auf Sand.

Unsere Einschätzungen zu universellen Stationen basieren zwangsläufig auf unserer eigenen Biologie, Umwelt und Geschichte. Die Landwirtschaft und Sesshaftigkeit erscheinen uns als notwendiger Entwicklungsschritt – aber nur, weil wir Nahrung in Form von Kalorien brauchen, weil wir auf einem Planeten mit Jahreszeiten leben, und weil wir auf Ressourcen angewiesen sind, die sich räumlich konzentrieren.

Doch was, wenn eine außerirdische Spezies ganz anders funktioniert? Vielleicht existiert irgendwo eine Intelligenz, die ausschließlich aus Schwarmbewusstsein besteht – verteilt über ein ganzes Ökosystem, ohne festen Körper, ohne Nahrung im klassischen Sinn. Oder eine Zivilisation, deren Wesen sich aus Licht, Plasma oder magnetischen Feldern zusammensetzen, für die „Ortsbindung" oder „Vorratshaltung" keine Bedeutung haben. In solchen Fällen wäre die Idee von Feldern, Ernten und Siedlungen nicht nur fremd – sie wäre völlig irrelevant.

Das zwingt uns zur Demut: Die Station „Landwirtschaft & Sesshaftigkeit" könnte tatsächlich keine universelle Zivilisationsstufe sein, sondern ein erdspezifisches Phänomen – abhängig von Gravitation, Biochemie, Pflanzenwachstum und

Abbildung 8. Andere Biologie. Andere Bedürfnisse. Stabilität ist nicht immer eine Entscheidung. Manchmal ist sie eine Eigenschaft des Seins.

vielen anderen Variablen. Wir denken in Nahrungsketten, in Kalorien, in Ernten – aber vielleicht ist das nicht der einzige Weg zur Hochzivilisation, sondern nur der, den wir kennen.

Vielleicht ist dieses Kapitel ein Kapitel über uns – und nicht über das Universum. Vielleicht gibt es Zivilisationen, die nicht wie wir zwischen Nomadentum und Sesshaftigkeit wechseln mussten, weil ihre Ausgangsbedingungen völlig andere waren. Eine Spezies, die zum Beispiel in einem ökologisch stabilen Habitat entstanden ist – etwa in einem Kratermeer, auf einer Inselwelt oder auf einem Planeten mit minimalen jahreszeitlichen Schwankungen – könnte von Anfang an an einem Ort geblieben sein. Für sie wäre Sesshaftigkeit keine bewusste Entscheidung, sondern eine Selbstverständlichkeit – wie Atmung oder Fortpflanzung.

Oder sogar ihre Anatomie oder Technologie ermöglichte ihnen sofort, komplexe Siedlungsstrukturen zu errichten, ohne den Umweg über nomadisches Jagen und Sammeln. Ihre „Landwirtschaft" könnte in Form von Bioreaktoren, Pilzkolonien oder energetischer Symbiose schon seit ihren Ursprüngen integraler Bestandteil des Lebens sein. In so einem Fall wäre Station 5 keine bewusste Errungenschaft – sondern ein natürlicher Ausgangspunkt. Für uns wäre das kaum vorstellbar, doch für sie könnte „Wohnen" einfach Teil ihrer Existenz sein.

Diese Vorstellung macht eines deutlich: Die Reihenfolge unserer Stationen ist keine in Stein gemeißelte Abfolge, sondern ein möglicher Pfad – einer unter vielen. Manche Stationen sind wahrscheinlich universell, andere eher kontingent. Und Sesshaftigkeit könnte genau an dieser Schwelle stehen: für uns ein fundamentaler Bruch – für andere vielleicht ein beiläufiger Zustand.

Doch selbst wenn diese Station nicht universell ist, ist sie für unsere Geschichte zentral. Sie war der erste Moment, in dem wir unsere Umgebung dauerhaft kontrolliert und gestaltet haben – nicht durch mobile Jagdtricks, sondern durch ortsgebundene Planung.

Und vielleicht ist genau dieser Aspekt – das bewusste Formen von Umweltstrukturen – das eigentliche universelle Prinzip, das sich hinter der Landwirtschaft verbirgt.

Bemerkenswert ist dabei, dass dieser Schritt – der Übergang zur Landwirtschaft – an mehreren Orten der Welt unabhängig voneinander vollzogen wurde. Im Fruchtbaren Halbmond begannen Menschen mit dem Getreideanbau, in China mit Reis, in Mittelamerika mit Mais und in Afrika mit Hirse. Es war kein einzelnes Volk, keine einzelne Kultur, die diese Wende herbeiführte – sondern ein globales Muster, das sich wie ein Echo über die Kontinente zog.

Das spricht für etwas Tieferes: eine universelle Notwendigkeit.
Es scheint, als würde jede intelligente Spezies, sobald sie ein bestimmtes Maß an Umweltkontrolle erreicht, fast zwangsläufig irgendwann diese Schwelle überschreiten. Die Landwirtschaft ist kein Zufall – sie ist eine unvermeidliche Station, die früher oder später betreten werden muss, wenn aus Überleben Zivilisation werden soll.

Unter hier entsteht ein Paradox der Zeit: Kapitel 5 vor Kapitel 4? Wer dieses Buch chronologisch liest, könnte sich wundern: Kapitel 5 (Landwirtschaft & Sesshaftigkeit) beschreibt Ereignisse, die vor Kapitel 4 (Schrift & Wissensspeicherung) stattfanden. Und zwar deutlich früher.

Die Landwirtschaft begann etwa vor 12.000 Jahren – im Fruchtbaren Halbmond, aber auch unabhängig in China, Mittelamerika und Afrika. Die erste Schrift hingegen entstand rund 5.000 Jahre vor unserer Zeitrechnung – in Mesopotamien. Und doch ist Kapitel 4 vor Kapitel 5 gesetzt. Warum? Weil dieses Buch nicht der reinen historischen Abfolge, sondern der logischen Entwicklungsfolge einer Zivilisation folgt.

Die Station 4: Schrift ist nicht deshalb früher im Buch, weil sie historisch früher kam – sondern weil sie funktional vor der voll entwickelten Sesshaftigkeit steht. Ohne Schrift kann Landwirtschaft nicht zur Zivilisation führen. Ohne Dokumentation gibt es keine Verwaltung, kein Eigentum, keine geregelte Macht, keine überdauernde Ordnung.Man könnte sagen: Die Landwirtschaft stellte die Fragen – doch die Schrift kam erst Jahrtausende später, um sie zu beantworten. Oder präziser: Station 5 war bereit – aber Station 4 ließ auf sich warten.

So zeigt sich ein zentrales Muster dieses Buches:
Nicht jede Station erscheint genau dann, wenn sie gebraucht wird. Manche kommen zu früh. Andere zu spät. Doch jede bringt Bewegung – und jede verlangt nach der nächsten.

Die Sesshaftigkeit war nicht nur ein Fortschritt – sie war ein Bruch. Ein Umbruch, der die Menschheit nicht nur geografisch veränderte, sondern biologisch, psychologisch, spirituell. Und sie war nicht ohne Preis. Denn wer sich niederlässt, wird verwundbar: für Missernten, für Seuchen, für Streit um Land und Macht. Mit dem Acker kamen Vorräte – mit den Vorräten kam der Besitz – mit dem Besitz kam die Ungleichheit. Also ein Art von Krieg um Ressourcen: Ackerflächen und Wasser wurden zum Streitpunkt. Die Landwirtschaft war keine reine Erfolgsgeschichte- sie war auch eine Bürde. Sobald der Besitz möglich wurde, kam es direkt zur Hierarchien, Klassen.

Die Landwirtschaft bedeutete nicht nur mehr Nahrung, sondern auch mehr Verantwortung, mehr Planung, mehr Angst. Krankheitserreger sprangen nun leichter von Tier zu Mensch (Zoonosen), ganze Dörfer konnten durch neue Epidemien entvölkert werden. Die Ernährung, zuvor wild, vielfältig, nährstoffreich, wurde monotoner. Der Körper wurde schwächer, aber das Gehirn forderte mehr. Es brauchte Strukturen. Koordination. Werkzeuge.

Gleichzeitig wuchs etwas, das es zuvor nicht gab: der Gedanke eines Zuhauses. Der Mensch war nicht mehr unterwegs – er war angekommen. Und mit ihm: seine Träume, seine Rituale, seine

Götter. Wo zuvor der Himmel als Decke reichte, wurden Wände gebaut. Wo man früher dem Wind lauschte, hörte man nun das Schnarren der Sichel. Aus der Bewegung wurde Wiederholung, aus dem Wandern wurde Kalender, aus dem Lagerfeuer wurde Herdstelle. Die dauerhafte Siedlungen wurden zu Dörfern, dann zu Städten. Es entstand Verwaltung, Ritualarchitektur, Tempel, Märkte. Aus der Sicherung von Vorräten entwickelte sich Politik. Und das alles als ein natürlicher Folgeeffekt der Sesshaftigkeit.

Das Verhältnis zur Natur änderte sich radikal. Nicht mehr Teil des Systems, sondern sein Designer: Der Mensch begann, Flüsse zu lenken, Wälder zu roden, Tiere zu zähmen, den Boden zu zwingen, Ertrag zu bringen. Aus einem wilden Mitspieler wurde ein kontrollierender Schöpfer – und mit ihm entstand die Vorstellung von Macht. Macht über Nahrung, über Raum, über Menschen.

Mit der Sesshaftigkeit veränderte sich nicht nur der Lebensstil – sondern auch das Denken. Der Mensch blieb nun an einem Ort, und mit ihm blieben auch seine Hoffnungen, Ängste, seine Ernte, sein Himmel. Wo man früher vorbeizog, entstand nun Bindung. Der Boden wurde nicht nur bebaut – er wurde verehrt. Felder, die Nahrung schenkten, wurden heilig. Bäume, die Schatten gaben, erhielten Namen. Steine, unter denen Vorfahren ruhten, wurden zu Ahnenstätten. Aus Bewegung wurde Verankerung. Aus Weg wurde Heimat. Der Mensch begann, sich mit einem Punkt auf der Karte zu identifizieren – nicht mehr mit dem Horizont.

Mit dieser Bindung an den Ort kam auch eine neue Beziehung zum Unsichtbaren. Was vorher ein Gefühl für Naturkräfte war, wurde nun zu etwas Höherem: zu Göttern. Fruchtbarkeit, Regen, Sonne, Ernte – all das wurde nicht mehr nur erlebt, sondern erklärt. Man opferte, bat, hoffte. Schamanen wurden zu Priestern. Der erste Beruf, der nicht mit Werkzeug oder Nahrung zu tun hatte, war jener des Deuters: der, der zwischen Mensch und Himmel vermittelte. Der Misserfolg der Ernte war kein Zufall mehr – er war ein Zeichen. Der Segen des Regens kein Glück – sondern eine Gunst.

In diesen Tagen formten sich auch die ersten Rituale. Wiederholungen, Zeremonien, Tänze, Feste. Alles, was sich zuvor im Instinkt abspielte, wurde nun kulturell verankert. Und später – viel später – mit der Schrift festgehalten. Die Religion wuchs aus der Erde, so wie der Weizen. Und sie trug das Gesicht jener, die geblieben waren, während andere weiterzogen. Sie war das Kind der Sesshaftigkeit.

So entstand nicht nur Landwirtschaft – es entstand Weltdeutung. Mit ihr begannen Kalender, Sternenkunde, Heilpflanzenwissen. Und zum ersten Mal der Gedanke, dass der Mensch nicht nur Teil der Natur ist – sondern in Beziehung zu einem höheren Sinn.

Und genau in diesem Moment – als der Mensch mehr wurde als nur Überlebender – entstand der Bedarf nach Systemen. Nach Ordnung. Nach Dingen, die nicht nur greifen, sondern planen konnten. Es war nicht mehr genug, Nahrung zu haben – man musste sie zählen. Man musste Werkzeuge lagern, Vorräte verwalten, Felder vermessen, Schuld und Eigentum dokumentieren.

Die Landwirtschaft zwang den Menschen zur Organisation – und diese Organisation verlangte nach etwas Neuem: der Mechanik. Die nächste Station.

Denn wer täglich den Boden bearbeitet, der will nicht nur Werkzeuge – er will bessere Werkzeuge. Wer Vorräte transportieren muss, braucht Hebel, Räder, Zugkraft. Wer eine Stadt bauen will, braucht Geometrie, Flaschenzüge, Kräne. Und wer in einer komplexen Welt lebt, braucht Maschinen – einfache, aber wirkungsvolle.

Die Ordnung des Feldes rief nach der Ordnung der Technik. Die Bewegung des Menschen wurde zur Bewegung der Dinge.
Mit der Mechanik beginnt der nächste große Schritt.

KAPITEL 6

MECHANIK & EINFACHE MASCHINEN

„Nicht stärker werden – sondern klüger schieben."

Am Anfang war der Hebel. Ein Stück Holz, das einen Stein bewegt, der sonst unbeweglich war. Ein Rad, das Lasten trug, die zuvor viele Rücken brauchten. Ein Flaschenzug, der die Schwerkraft austrickste. Die Maschine war geboren – lange bevor sie Maschine genannt wurde.

Diese Station ist die natürliche Erweiterung des Werkzeuggebrauchs. Was einst aus reiner Intuition geschah – ein Stock zum Graben, ein Stein zum Zerschlagen – wird jetzt durchdacht, geplant, berechnet. Aus dem Werkzeug wird ein System. Aus dem Versuch wird eine Technik. Der Mensch beginnt nicht mehr nur zu benutzen, sondern zu verstehen. Er überträgt Kraft, leitet sie um, vervielfacht sie – und erschafft damit Werkzeuge, die selbst zu Prinzipien werden.

Mit der Mechanik beginnt das Denken in Kräften, Hebeln, Drehpunkten – das Denken in Gesetzen der Welt. Muskelkraft wird nicht mehr nur eingesetzt, sondern strategisch gelenkt. Plötzlich braucht man nicht mehr viele Hände, wenn man Hebel hat. Nicht mehr viele Beine, wenn man Räder hat. Und nicht mehr viele Jahre, wenn man versteht, wie man baut.

Es ist die Geburt der Ingenieurskunst im einfachsten, aber tiefsten Sinne – und vielleicht der erste Moment, in dem der Mensch das Gefühl hatte: Die Welt ist nicht nur größer als ich. Ich kann sie verändern.

Doch mit Holz, Seil und Stein allein war diese neue Welt nicht zu bändigen. Um Kräfte nicht nur zu nutzen, sondern zu verstehen, musste der Mensch einen noch größeren Schritt machen: Er musste beginnen, abstrakt zu denken. Die Mechanik zwang ihn zur Mathematik. Die Bewegung eines Pendels, die Neigung einer Rampe, die Verteilung von Last und Zug – all das verlangte nach Zahlen, Winkeln, Längen. Wo zuvor nur praktische Erfahrung war, trat nun Theorie auf den Plan. Nicht aus Neugier allein, sondern aus Notwendigkeit. Ohne Geometrie keine Brücke, ohne Hebelgesetz kein Kran, ohne Berechnung keine Wiederholung.

Die Natur, einst göttlich-unberechenbar, wurde berechenbar. Physik wurde zur Sprache, mit der die Materie antwortete. Wenn ein Stein fiel, war das kein Mysterium mehr, sondern eine Folge von Gesetzmäßigkeiten. Mathematik wurde zur Grammatik der Welt – und der Mensch zum ersten Wesen, das diese Grammatik nicht nur anwendete, sondern selbst erweiterte. Jeder Balken, der sich spannte, jede Rolle, die sich drehte, jedes Zahnrad, das sich verzahnte, war zugleich ein Werkzeug und ein Beweis: Die Welt ist strukturierbar.

Mit jedem neuen Konstrukt lernten die Menschen, sich selbst zu übertreffen. Sie bauten nicht mehr nur aus der Erinnerung heraus, sondern aus Plänen. Linien auf Tierhäuten, Kerben im Holz, später geometrische Skizzen auf Papyrus. Die Maschine wurde zur Skulptur der Logik. Und jeder Bau, jede technische Idee, wurde ein stilles Zeugnis: Hier denkt jemand in Modellen. Hier wirkt Intelligenz, die ihre Umwelt nicht nur erträgt, sondern gestaltet.

In dieser Station begann der lange Weg zur Raumfahrt, zur Architektur, zur Ingenieurswissenschaft. Nicht weil jemand den Weltraum im Blick hatte – sondern weil man den Eimer aus dem

Brunnen effizienter ziehen wollte. Doch wie so oft: Der erste Schritt war klein. Die Richtung war kosmisch.

Denn in dieser Station verwandelt sich rohe Kraft in verstandenes Potenzial. Der Mensch misst sich nicht mehr nur mit der Natur – er beginnt, sie zu modellieren. Was vorher nur möglich war durch rohe Gewalt, wird jetzt durch kluge Konstruktion erreichbar. Und mit jedem Flaschenzug, jedem Zahnrad, jedem Gegengewicht, das er erschafft, entsteht etwas Neues: das Vertrauen in die Logik der Welt.

Die Station der Mechanik und einfachen Maschinen – also die bewusste Nutzung physikalischer Prinzipien wie Hebel, Rollen, Zahnräder, Achsen, Flaschenzüge und Rampen – entwickelte sich nicht abrupt, sondern in Etappen. Chronologisch lässt sie sich etwa so einordnen: In Mesopotamien und Ägypten ca. 3.000–2.500 v. Chr. entstehen die erste bewusst eingesetzte einfache Maschinen, etwa Hebel beim Pyramidenbau oder Rollen und Schlitten zum Transport schwerer Lasten. In China und Indien ca. 2.000 v. Chr. tauchen frühe Hinweise auf das Konzept von Zahnrädern und Achsen auf. In Griechenland ca. 300 v. Chr. systematisiert Archimedes das Wissen über Hebel, Auftrieb und einfache Maschinen. Hier beginnt die eigentliche theoretische Mechanik. Der Ingenieur Heron von Alexandria ca. 100 v. Chr. bis 100 n. Chr. beschreibt in seinen Schriften bereits automatisierte Maschinen, Hebelvorrichtungen, Pneumatik und Mechanik für Theater und Tempel. Die Station der Mechanik wurde also technisch bereits ab ca. 3.000 v. Chr. angewandt, Ihr theoretisches Fundament jedoch – also das Verstehen und Formulieren mechanischer Prinzipien – entstand erst mit den antiken Hochkulturen, insbesondere im hellenistischen Griechenland ab ca. 300 v. Chr. Ein gutes Beispiel dafür, dass eine Station zuerst gelebt und erst später verstanden wird.

In diesem Kapitel betreten wir nicht nur das Zeitalter der Zahnräder, sondern auch die Arena der Genialität – und ehren drei historische Figuren, die die Mechanik zu dem machten, was sie heute ist. Heron von Alexandria, wie schon erwähnt, der im ersten Jahrhundert nach Christus lebte, erschuf mit seiner aeolipile die erste bekannte Dampfmaschine, entwarf automatische Tempeltüren und mechanische Theater – technische Wunderwerke, Jahrhunderte vor ihrer Zeit. Archimedes von Syrakus, das mathematische Genie der Antike, begriff nicht nur die Gesetze des Auftriebs, sondern konstruierte Kriegsmaschinen, Hebel und Schrauben, die bis heute in Gebrauch sind – sein Denken war angewandte Physik in ihrer reinsten Form. Und schließlich Leonardo da Vinci, der Künstler, Erfinder und Vordenker der Renaissance, der mit seinen Zeichnungen von Flugmaschinen, Kugellagern, Pumpen und futuristischen Kriegsgeräten ein gesamtes Maschinenzeitalter vorwegnahm – nicht durch Anwendung, sondern durch Imagination. Diese drei Männer stehen sinnbildlich für den evolutionären Sprung der mechanischen Intelligenz – aus Spiel wurde Werkzeug, aus Neugier wurde Fortschritt. Die Mechanik war nie laut – aber sie sprach, und die Welt hörte zu.

Die Station der Mechanik – also der bewusste Einsatz physikalischer Prinzipien zur Verstärkung menschlicher Kraft – wirkt auf den ersten Blick wie etwas, das man umgehen könnte. Immerhin gab es Kulturen, die ohne große Maschinen überlebten, und selbst heute leben einige indigene Völker ohne Zahnräder oder Flaschenzüge. Doch sobald man genauer hinsieht, zeigt sich, dass diese Station ist kaum überspringbar – sie ist die Verlängerung des Körpers durch Denken.

Denn Mechanik ist nichts anderes als das Verständnis und die Anwendung von Kräften: Wie bewege ich etwas Schweres? Wie multipliziere ich meine eigene Kraft? Wie mache ich wiederholbare Bewegungen effizienter? Jede fortgeschrittene Zivilisation – egal ob auf Rädern, Ketten, Magnetfeldern oder anderen Mitteln basierend – muss sich mit diesen Fragen beschäftigen, wenn sie Materie manipulieren will.

Abbildung 9. Wo Muskelkraft an ihre Grenzen kam, begann die Geschichte der Mechanik.

Selbst in einem hypothetischen Szenario, in dem eine Spezies über Telekinese, Bioenergie oder organische Exoskeletteverfügt – also ohne „klassische" Maschinen arbeitet –, müsste sie sich früher oder später mit strukturierten Kräften und Abläufen auseinandersetzen. Das Prinzip bleibt dasselbe, auch wenn die Form sich ändert.

Mechanik ist nicht nur ein Werkzeug. Sie ist eine Sprache, mit der die Welt lesbar wird. Hebel, Winkel, Impulse, Drehmomente – sie machen Naturkräfte begreifbar und vorhersagbar. Ohne diese Station gibt es keine Schifffahrt, keine Baukunst, keine komplexe Landwirtschaft, keine Architektur, keine astronomischen Geräte. Und keine Grundlage für die spätere Station „Wissenschaft".

Auch unter indigenen Völkern finden wir – trotz technischer Einfachheit – sehr wohl ein grundlegendes Verständnis mechanischer Prinzipien. Viele Gemeinschaften nutzten Flaschenzüge aus Lianen, Schlitten, Hebel und Gegengewichte beim Hausbau oder Bootstransport. Auch bei Bewässerungssystemen oder bei der Herstellung von Kanus zeigt sich technisches Denken. Doch fast immer geschieht dies eingebettet in Erfahrung, Tradition und ritualisiertes Handeln – nicht als Ergebnis abstrakter Theorie. Das Rad etwa wurde in vielen Kulturen nie erfunden oder verwendet – nicht, weil es nicht möglich gewesen wäre, sondern weil die gesellschaftliche Struktur es nicht verlangte.

Diese Station zeigt deshalb mehr als viele andere: Technik ist kein Automatismus. Sie ist kein unvermeidlicher Schritt, sondern ein kulturelles Angebot. Man muss sie nicht annehmen – aber wer sie annimmt, erhält Zugang zu einer neuen Form von Macht. Und nur wer beginnt, Kräfte nicht nur zu spüren, sondern sie zu lenken, beginnt das Zeitalter der Technik.

Wenn wir uns das Stufenmodell vor Augen halten, wird deutlich: Viele indigene Völker haben bis heute nur Teile der vorangegangenen Stationen erreicht – oder bewusst nicht weiterverfolgt. In manchen Fällen sind es 70 % beim Werkzeuggebrauch, vielleicht 30–50 % beim Feuer, rund 80–90 % bei Sprache, aber nur 10–20 % bei Mechanik. Und bei der Schrift – der vierten Station – liegt der Anteil oft sogar bei 0 %. Diese Beobachtung ist kein Urteil über Fähigkeiten oder Intelligenz, sondern ein Spiegel kultureller Entwicklungspfade, die andere Prioritäten gesetzt haben.

Gerade deshalb ist ab Kapitel 7 – der wissenschaftlichen Methode – der Graben endgültig unüberbrückbar geworden. Diese Station setzt die bewusste Abkehr von Mythos, von Intuition, von ritueller Weltdeutung voraus. Sie verlangt einen Schritt, der nicht nur technologisch ist, sondern tief erkenntnistheoretisch: die Idee, dass Wahrheit experimentell geprüft werden muss. Keine Tradition, kein Glaube, kein Ahnenerbe hat mehr Vorrang.

Für viele indigene Gemeinschaften war das weder notwendig noch wünschenswert. Ihr Leben war nicht auf Weltkontrolle, sondern auf Weltharmonie ausgelegt. Sie lebten im Einklang mit der Natur – nicht in der Absicht, sie zu verändern. Genau deshalb endet an dieser Stelle der gemeinsame Pfad. Ab der siebten Station beginnt der exklusive Weg der wissenschaftlich-technischen Zivilisation – und wir sind ab jetzt allein.

Die mechanische Welt begann nicht mit Fabriken, sondern mit Ideen: mit dem Hebel, der zeigte, dass Muskelkraft durch Intelligenz ersetzbar ist. Archimedes soll gerufen haben, man könne mit einem Hebel die Welt bewegen – und genau das begann, als der Mensch einfache Maschinen entdeckte. Der Keil, die Rolle, die Kurbel: Aus natürlichen Bewegungen wurden kontrollierte Abläufe.

Das Rad war dabei eine der folgenreichsten Erfindungen der Menschheitsgeschichte. Es schuf nicht nur den Wagen – sondern auch Zahnräder, Mühlen und Uhrwerke. Schon in der Antike wurden mit Wasser betriebenen Mühlen Getreide gemahlen und mit Tretmühlen Lasten gehoben. Die Windmühle gab die Energiegewinnung ohne Tier oder Mensch. Sie ermöglichte wie wir schon erwähnt haben Mehlsysteme, Bewässerung und eigenständige Energiezentren.

Eine weitere bahnbrechende Erfindung war der Hochofen: Er ermöglichte die gezielte Verarbeitung von Metallen – insbesondere von Eisen – und revolutionierte damit Waffen, Werkzeuge und den gesamten Bauwesen.

Besonders revolutionär aber war die Erfindung der mechanischen Uhr im 13. Jahrhundert. Zum ersten Mal wurde Zeit nicht nach Sonne oder Schatten gemessen, sondern durch das rhythmische Schlagen eines Zahnradsystems. Diese neue Form der Zeit veränderte alles: Arbeit wurde taktbar, Gebete strukturiert, Gesellschaft planbar.

Die Winde und Flaschenzüge – etwa im Bau von Kathedralen – zeigten, wie Kräfte multiplizierbar sind. Und mit der Druckerpresse ab 1440 wurde erstmals Information mechanisch reproduzierbar – ein Grenzfall zwischen Mechanik und Kultur, zwischen Maschine und Idee. Eine massive Verbreitung von Wissen, Reformation, Aufklärung, Wissenschaft und Demokratie wären ohne den Buchdruck unmöglich gewesen.

Diese Maschinen waren keine Rechenwunder, sie hatten keine Sensoren, keine Elektronen. Aber sie hatten Wirkung. Sie veränderten, wie man baute, wie man reiste, wie man dachte. Mechanik war die erste Form von systematisierter Technologie – nicht nur ein Werkzeug, sondern ein Prinzip. Sie zeigte, dass die Welt beherrschbar ist – wenn man sie versteht.

Die sechste Station – die Mechanik und die einfachen Maschinen – war keine geschlossene Tür, die man einmal durchschreitet und nie wieder zurückblickt. Sie war eher ein sich öffnendes Tor, das erst durch spätere Erkenntnisse vollständig durchquert werden konnte. Viele ihrer Potenziale blieben zunächst ungenutzt. Zwar konnte man mit Hebeln, Rädern und Flaschenzügen Großes bewegen – doch entscheidende Durchbrüche, wie die Dampfmaschine, die Lokomotive oder der elektrische Generator, wurden erst möglich, als die nächste Station betreten wurde: die wissenschaftliche Methode. Erst als der Mensch begann, systematisch zu beobachten, zu messen, zu experimentieren – erst als Hypothesen, Beweise und mathematische Modelle die Grundlage des Denkens bildeten – öffnete sich das wahre Potenzial der Maschinenwelt. Die

Lokomotive brauchte nicht nur Kohle – sie brauchte Chemie. Die Glühbirne war nicht nur Glas und Draht – sie war angewandte Physik. Der Computer war nicht nur ein Gerät – er war die konkrete Anwendung elektrischer Regeln, mathematischer Logik und präziser Planung.

So zeigt sich wieder, dass die Stationen fließend sind. Es gibt zwar eine Reihenfolge, aber die eine ruht oft auf dem Fundament der anderen. Es gibt keine sauberen Übergänge – nur ein ständiges Rückgreifen, Nachschärfen, Komplettieren. Erst im Licht der Wissenschaft wurde aus der Mechanik eine Weltmacht.

Ohne Flaschenzug keine Kathedrale. Ohne Mühle kein Brot für Tausende. Ohne mechanische Uhren keine Koordination – und ohne Koordination keine komplexen Gesellschaften. Diese stille Revolution verdient es, als solche benannt zu werden. Sie ist zwar still – aber sie spricht durch ihre Werke. Hebel, Rad, Achse, Flaschenzug, Schraube, Keil, Rampe, Tretmühle, Wasserrad, Getriebe, Riemen, Seilzug, Schwungrad, Zahnräder, Kurbelschwinge, Windmühle, Drehscheibe, Kurbel, Bohrer, Amboss, Presse, Gewinde, Spindel, Spule, Webstuhl, Schleifstein, Mühlstein, Drehkreuz, Tragejoch, Haspel, Seilwinde, Wagenrad, Schubkarre, Scharnier, Türgriff, Türschloss, Riegel, Pflug, Sichel, Sense, Webrahmen, Webkamm, Spinnrad, Schraubstock, Zange, Hammer, Axt, Meißel, Feile, Säge, Hobel, Bohrleier, Maßstab, Waage, Pendel, Uhrwerk, Glockenmechanik, Sonnenuhr, Armbrust, Katapult, Balliste, Tribok, Drehtür, Zugbrücke, Drehbrücke, Brunnentrommel, Schleuse, Druckerpresse, Hebebühne, Zahnradpumpe, Kolben, Balkenwaage, Flößerschleuse, Stellrad, Drehspieß, Mörser, Reibstein, Drehleiter, Kammrad, Spinnwirtel, Schneckenrad, Schlauchpumpe, Schöpfkelle, Bratwender, Transmissionswelle, Keilriemen, Parallelogrammgestänge, Rollwagen, Zahnstange, Sanduhr, Astrolabium, Sextant, Lineal, Kompass, Rechenschieber, Pantograph, Ziehbank, Ölpresse, Weinkelter, Hammerschmiede. Und viele weitere Maschinen, die – unscheinbar, aber unerlässlich – ihren kleinen Beitrag dazu geleistet haben, damit wir heute die Früchte dieser schwierigen Ära ernten. Jede Winde, jeder Hebel, jedes Rad – ein stiller Helfer auf dem Weg zur Zivilisation. Manche davon sind vergessen, andere wurden perfektioniert, manche leben in neuen Formen weiter. Doch sie alle erzählen von einem Zeitalter, in dem der Mensch begann, die Natur nicht nur zu beobachten, sondern zu lenken.

Die mechanische Welt war eine Welt der Anwendung. Eine Welt aus Zahnrädern, Gewichten, Schaufeln, Rädern und Gegengewichten. Alles konnte man sehen, alles konnte man anfassen. Es war die erste Phase, in der sich der Mensch als Herr über Dinge fühlte – nicht über die Natur im Ganzen, aber über einzelne Teile von ihr. Die Winde hob den Stein, das Rad beschleunigte die Bewegung, der Flaschenzug ersparte die Kraft. Doch mit jedem Fortschritt wuchs auch das Staunen. Und die Fragen wurden drängender.

Warum hält der Stein in der Luft, wenn er am Seil hängt – und wie kann man berechnen, wann das Seil reißen würde? Warum bewegt sich das Wasser schneller durch ein enges Rohr? Warum fällt ein Apfel immer nach unten – und nicht zur Seite? Warum hält das Schiff auf dem Meer, das doch tonnenschwer ist? Und warum funktioniert die eine Maschine – und die andere bricht nach wenigen Stunden zusammen?

Mechanik war der Anfang – aber sie war nur die Bühne. Die eigentliche Revolution stand noch aus: das Verständnis. Bisher hatte der Mensch Dinge gebaut, weil er sie durch Versuch und Irrtum zum Laufen brachte. Er drehte, er testete, er passte an. Aber er wusste oft nicht, warum etwas funktionierte. Es war Erfahrung – kein Wissen. Und so blieb die Welt voller Wunder, aber auch voller Unsicherheiten.

Seit dem Moment, in dem Menschen begannen, Werkzeuge nicht nur zu nutzen, sondern auch zu besitzen, entstand Macht – und mit ihr: Ungleichheit. Die Sesshaftigkeit brachte Vorräte, Vorräte brachten Reichtum, Reichtum brachte Neid. Und aus Neid wurde

Kampf. Mit der Organisation kam die Hierarchie, mit der Hierarchie die Herrschaft, mit der Herrschaft der Krieg. Die Mechanik, die einst Mühlen drehte, trieb nun auch Belagerungstürme. Zahnräder und Flaschenzüge fanden ihren Weg nicht nur in Werkstätten, sondern auch in Kriegsmaschinen. Und doch: Trotz all dieser Katastrophen, trotz unzähliger Konflikte, Eroberungen, Unterdrückungen, Genozide, trotz aller menschlicher Grausamkeit – ist der Fortschritt nicht stehengeblieben. Der Mensch hat nicht aufgegeben, hat nicht nur zerstört, sondern erschaffen. In wenigen Jahrhunderten, ein Wimpernschlag der Evolution, entstanden tausende Maschinen – manche banal, manche revolutionär. Das Rad und der Amboss, der Webstuhl, der Globus, das Pendel, die Uhr, der Verbrennungsmotor, der Rotor, die Kamera, der Projektor, der Kran, das Stethoskop, die Dampfmaschine – jeder einzelne ein Beweis: Der Mensch kann tief fallen, aber auch hoch bauen. Mechanik war vielleicht nicht die friedlichste aller Stationen. Aber sie war eine der schöpferischsten.

Vielleicht war es anderseits gut, dass die Mechanik nicht die friedlichste Station war. Ein heikles, aber hochspannendes Thema– eines, das im Schatten der Geschichte oft verdrängt wird: Hat der Krieg den Fortschritt beschleunigt? Und wenn ja, in welchem Ausmaß?

Der Gedanke ist unangenehm – aber nicht von der Hand zu weisen: Viele der größten technischen Sprünge der Menschheitsgeschichte fanden nicht trotz, sondern gerade wegen militärischer Konflikte statt. Es war nicht der Frieden, der Technologien beschleunigte, sondern oft der Druck des Krieges. Nicht, weil Krieg gut wäre – im Gegenteil –, sondern weil er auf brutale Weise Ressourcen bündelt, Forschung priorisiert, Entscheidungsprozesse beschleunigt und Innovationen erzwingt. Eine beunruhigende, aber mögliche Wahrheit.

Während des Zweiten Weltkriegs wurden etwa Radar- und Funknavigationssysteme entwickelt, um feindliche Flugzeuge und

U-Boote aufzuspüren. Diese Technologien bilden heute das Rückgrat der zivilen Luftfahrt und der modernen Ortungssysteme. Auch die Computertechnik verdankt ihre frühen Durchbrüche dem militärischen Bedarf: Alan Turing und seine Kollegen entwickelten in Bletchley Park den „Colossus", um die deutsche Enigma-Verschlüsselung zu knacken – ein Vorläufer moderner Rechenmaschinen. Ohne diesen immensen Druck hätten sich digitale Technologien womöglich um Jahrzehnte verzögert.

Die Raketenwissenschaft nahm mit der berüchtigten V2-Rakete der Nazis ihren Anfang – ein Projekt des Ingenieurs Wernher von Braun, der später im Dienst der NASA das Apollo-Programm mitprägte. Aus Waffen der Zerstörung wurden Träger der Erforschung des Himmels.

Auch das Internet ist ein Produkt des Kalten Krieges. Das Projekt ARPANET, ursprünglich als krisenresistentes Kommunikationssystem im Falle eines Atomangriffs gedacht, entwickelte sich zur Grundlage unseres heutigen globalen Netzwerks. Selbst das GPS – heute unverzichtbar in Smartphones, Navigation und Logistik – wurde zunächst für die Zielsteuerung militärischer Raketen entwickelt. Jettriebwerke, Atomantrieb, Satellitentechnologie, Drohnentechnik, Nachtsichtgeräte, Materialforschung, Notfallmedizin, Desinfektionsmittel, Blutkonserven, Telemedizin, Prothesenentwicklung – all das wurde durch militärische Anforderungen angestoßen oder beschleunigt.

Diese Entwicklungen zeigen: Der Krieg ist kein Erfinder – aber oft ein gnadenloser Beschleuniger. Was in Friedenszeiten Jahre an Diskussion, Planung und Budgetverhandlungen erfordert, wird im Krieg über Nacht entschieden. Und so schmerzhaft es auch ist, das festzustellen: Manche unserer größten zivilisatorischen Werkzeuge verdanken wir Momenten tiefster menschlicher Dunkelheit. Die Aufgabe der Zukunft wird sein, denselben Innovationsgeist unter friedlichen Vorzeichen zu entfalten – ohne den Preis des Leidens.

Es wäre also naiv, Kriege als bloßes Zerstörungswerk zu betrachten. Sie waren – leider – auch Beschleuniger von Innovation, wenn auch auf Kosten unermesslichen Leids. Natürlich: Frieden ist kreativer. Und Fortschritt, der aus Kooperation entsteht – aus Neugier, Erkenntnis und Mitgefühl – ist der nachhaltigere, der menschlichere. Doch die Geschichte zeigt: Zivilisation ist auch Reaktion. Auf Bedrohung. Auf Angst. Auf Druck. Und manchmal – auf Krieg. Die wahre Aufgabe der Menschheit wird sein, diesen Fortschrittsmotor vom Krieg auf Kooperation umzustellen. Forschung nicht, weil wir zerstören wollen, sondern weil wir begreifen wollen. Druck nicht durch Waffen, sondern durch Vision. Innovation nicht aus Not – sondern aus Hoffnung.

Und noch bevor die Station der Mechanik ganz zu Ende gedacht war, trat bereits die nächste Kraft ins Spiel – fast wie eine große Schwester, die dem kleinen Bruder hilft, seine Möglichkeiten zu entfalten. Die Wissenschaft. Denn all die Zahnräder, Flaschenzüge, Mühlen und Hebel hatten zwar gewirkt – aber sie wirkten im Rahmen des Erfahrbaren, des Erprobten, des handwerklich Möglichen. Mechanik war Intuition, war Beobachtung, war Versuch und Irrtum. Doch um Maschinen zu bauen, die nicht nur funktionieren, sondern auch berechenbar, optimierbar, skalierbar sind – dafür braucht es mehr. Es braucht Gesetze, Formeln, Reproduzierbarkeit. Es braucht einen Blick hinter die Dinge – auf das, was nicht nur sichtbar ist, sondern erklärbar. Und damit war klar: Die Mechanik war ein Kind des Handwerks – aber sie sollte ein Teenager der Wissenschaft werden. Die nächste Station zündete die zweite Stufe dieser technischen Evolution. Die Maschinen blieben – aber sie bekamen plötzlich ein Handbuch, ein Weltmodell, eine Theorie. Und aus Mühlen wurden Turbinen. Aus Bögen wurden Kanonen. Aus Dampfmaschinen wurde Elektrizität.

Und so war es nur logisch: Auf die Station der Mechanik folgte – fast zwangsläufig – die Station der wissenschaftlichen Methode.

KAPITEL 7

WISSENSCHAFTLICHE METHODE

„Verstehen statt nur erleben. Beweisen statt nur glauben"

Bevor es zur Wahrheit kommen konnte, musste erst das Werkzeug gegriffen, das Feuer gezähmt, die Sprache gesprochen, die Schrift erfunden, die Erde bestellt und die ersten Maschinen gebaut werden. Die wissenschaftliche Methode – so rational, so nüchtern, so modern – ist in Wahrheit das Ergebnis eines langen, zutiefst menschlichen Weges.

Denn man kann keine Hypothese aufstellen, ohne Sprache. Man kann kein Experiment beschreiben, ohne Schrift. Man kann keine Maschinen verbessern, ohne Mathematik. Und man kann keine Theorie weitergeben, ohne ein kulturelles Gedächtnis.

Die Wissenschaft war also kein spontaner Geistesblitz. Sie war der Punkt, an dem sich alle bisherigen Stationen verbanden – und zu einem neuen Denken führten. Ein Denken, das nicht länger akzeptierte, dass die Welt einfach „so ist". Ein Denken, das fragte: Warum? Wie oft? Unter welchen Bedingungen? Ein Denken, das wiederholbar sein wollte.

Zum ersten Mal in der Geschichte der Zivilisation wurde Wahrheit nicht geerbt, sondern überprüft. Die Sonne ging nicht mehr auf, weil die Götter es so wollten – sondern weil man es berechnen konnte. Wasser kochte nicht, weil ein Geist darin wohnte – sondern weil es ein Gesetz gab. Die Welt wurde erklärbar. Und der Mensch lernte, ihr nicht nur zu begegnen – sondern sie zu entschlüsseln.

Abbildung 10. Galileo Galilei mit Teleskop und Manuskript – in der einen Hand die Sterne, in der anderen den Zweifel. Seine Entdeckungen brachten Licht ins Dunkel, doch die Dunkelheit wehrte sich.

Die Wissenschaft ist keine neue Sprache. Sie ist das Alphabet des Universums.

Unser Held von Kapitel 7 ist Galileo Galilei. Ein Mann, der nicht nur mit Teleskopen in den Himmel blickte, sondern der das Denken selbst auf neue Bahnen lenkte. Galileo war nicht der erste, der Fragen stellte – aber einer der ersten, der sie systematisch,

Abbildung 11. Ordnung aus Beobachtung – die Welt wurde nicht mehr gedeutet, sondern gemessen Wer Energie kontrolliert, kontrolliert Materie

experimentell und mit mathematischer Präzision zu beantworten versuchte. Er gilt als einer der Begründer der modernen wissenschaftlichen Methode – durch Beobachtung, Hypothese, Versuch und Wiederholung.

Mit seiner Behauptung, dass nicht die Erde das Zentrum des Universums sei, sondern die Sonne, stellte er nicht nur ein astronomisches Weltbild auf den Kopf – sondern ein theologisches, gesellschaftliches, kulturelles. Seine Entdeckungen zur Bewegung, zur Trägheit, zum Fallgesetz und seine Experimente mit Pendeln und schiefen Ebenen legten das Fundament für Newton und die gesamte klassische Physik.

Doch Fortschritt ist selten willkommen. Seine Forschungen brachten ihn in Konflikt mit der katholischen Kirche. Im Jahr 1633 wurde er von der Inquisition verurteilt, weil er die kopernikanische Weltsicht vertrat – eine Sichtweise, die zu jener Zeit als ketzerisch galt. Man zwang ihn zum Widerruf, stellte ihn unter Hausarrest, versuchte, ihn zum Schweigen zu bringen. Einige sagten sogar, er hätte Glück gehabt, nicht wie Giordano Bruno verbrannt zu werden.

Aber Gedanken lassen sich nicht einsperren. Galileos Werk verbreitete sich – zunächst im Geheimen, dann mit zunehmender Kraft. Er wurde zum Sinnbild des forschenden Geistes, der nicht fragt, was erlaubt ist – sondern was wahr ist. Ein Mann, der nicht nur neue Erkenntnisse brachte, sondern eine neue Methode – und damit eine neue Ära.

Was wir heute als „wissenschaftliche Methode" bezeichnen – das systematische Beobachten, Hypothesenbilden, Experimentieren, Verifizieren und Verwerfen – ist keine plötzliche Erfindung, sondern das Ergebnis eines langen evolutionären Weges des Denkens. In den frühesten Tagen der Menschheit gab es nur Beobachtung und Nachahmung. Unsere Vorfahren lernten durch Versuch und Irrtum, durch Erfahrung – aber noch nicht durch

Systematik. Die Mechanik der Natur wurde gespürt, nicht verstanden.

Die ersten Wurzeln wissenschaftlichen Denkens finden sich bereits im alten Ägypten und Mesopotamien. Dort wurden Kalender erstellt, Sterne beobachtet, einfache mathematische Regeln aufgestellt. Doch der Zweck war zumeist praktisch oder religiös: Der Himmel diente der Zeitrechnung, das Rechnen dem Tempelbau. Die Welt wurde nicht erklärt – sie wurde genutzt. Was fehlte, war der Drang zur Theoriebildung, zur Überprüfung, zur Falsifikation.

In der griechischen Antike vollzog sich ein Wendepunkt: Philosophen wie Thales, Anaximander und Pythagoras suchten nach Ursachen jenseits göttlicher Willkür. Sie stellten Hypothesen über den Ursprung der Welt, die Struktur der Materie, die Bewegungen der Himmelskörper. Doch obwohl große Gedanken formuliert wurden, blieb die Methode spekulativ. Experimente – das Herzstück moderner Wissenschaft – wurden kaum durchgeführt. Die Vernunft dominierte, aber sie war nicht empirisch verankert.

Es war erst in der islamischen Blütezeit zwischen dem 9. und 13. Jahrhundert, dass Beobachtung, Dokumentation und Methodik neue Höhen erreichten. Gelehrte wie Alhazen (Ibn al-Haytham) begannen, mit Licht, Optik und Geometrie systematisch zu experimentieren. Auch Medizin, Astronomie und Chemie machten Fortschritte – aber das Denken blieb oft in metaphysischen Rahmen gefangen. Es war eine Vorbereitung, ein Zurechtrücken der Instrumente.

Der große Durchbruch kam mit dem europäischen Umbruch im 16. und 17. Jahrhundert. Inmitten von Reformation, Renaissance und wachsender intellektueller Neugier entwickelte sich eine neue Haltung gegenüber der Welt. Francis Bacon formulierte ein neues Verständnis von Wissen: Es sollte sich aus der Natur selbst ergeben – durch Beobachtung und Erfahrung. Galileo Galilei wiederum verband Mathematik mit gezielter Messung. Er ließ Körper auf schiefe Ebenen rollen, maß die Zeit mit Pendeln, widersprach mit Fakten dem Dogma. Wissenschaft wurde zum Werkzeug der Wahrheit, nicht mehr der Religion.

Mit Newton wurde die Methode zur Macht: Beobachtung wurde zur Gleichung, Natur zur Mathematik. Die „Philosophiae Naturalis Principia Mathematica" waren nicht nur ein Triumph des Denkens – sie begründeten die Vorstellung, dass die Welt durch Naturgesetze erklärbar ist. Dies war kein einzelner Akt der Erkenntnis – sondern der Höhepunkt von Jahrtausenden des Fragens, Sammelns, Irrens und Begreifens.

Heute erscheint uns die wissenschaftliche Methode selbstverständlich. Aber sie ist das Gegenteil davon. Sie ist fragil, langsam, störanfällig – und doch unser bestes Werkzeug, um aus Meinungen Erkenntnisse zu formen. Sie entstand nicht durch ein Wunder – sondern durch das geduldige Zusammenwirken vieler Kulturen, Denkweisen, Irrtümer und Genies. Und vor allem durch eines: durch den Mut, sich selbst zu widersprechen.

Die wissenschaftliche Methode ist kein starrer Prozess, sondern ein Rahmen, der sich je nach Disziplin, Fragestellung und Epoche unterschiedlich entfalten kann. Trotzdem lassen sich verschiedene Methoden innerhalb der wissenschaftlichen Welt unterscheiden – je nachdem, was untersucht wird, wie Erkenntnis entsteht, und welche Werkzeuge eingesetzt werden. Hier eine fließende Analyse:

In den Naturwissenschaften herrscht traditionell die empirisch-experimentelle Methode vor. Hier wird ein Phänomen beobachtet, eine Hypothese gebildet, ein Experiment durchgeführt – und die Ergebnisse entscheiden über die Gültigkeit der Theorie. Dies ist der klassische Weg, wie wir etwa in der Physik, Chemie oder Biologie Fortschritte erzielen. Die Kontrolle von Variablen, die Wiederholbarkeit von Tests und die Messbarkeit der Ergebnisse stehen im Mittelpunkt. Diese Methode eignet sich vor allem dort, wo klare Ursache-Wirkung-Zusammenhänge bestehen – und wo

man die Natur in einem Labor gewissermaßen „herunterbrechen"
kann.

Daneben existiert die beobachtende Methode, wie sie in der
Astronomie oder der Evolutionsbiologie zum Einsatz kommt. Hier
kann man das Untersuchungsobjekt nicht manipulieren – man kann
keine Sterne züchten oder Dinosaurier ins Labor holen. Also
beobachtet man, vergleicht, rekonstruiert. Man arbeitet mit
Indizien, Mustern, Wahrscheinlichkeiten. Auch hier entstehen
Theorien – aber oft durch Synthese und Interpretation, nicht durch
direkte Beweise.

Eine weitere Ausprägung ist die mathematisch-theoretische
Methode. Vor allem in der theoretischen Physik – etwa bei der
Quantenmechanik oder Kosmologie – werden Gleichungen
aufgestellt, Modelle konstruiert, Vorhersagen gemacht. Nicht alles
kann empirisch überprüft werden – manche Theorien bleiben
zunächst mathematische Konstrukte, bis experimentelle Belege
möglich werden (wie etwa bei Higgs-Boson oder
Gravitationswellen). Diese Methode ist so etwas wie das Denken
auf höchstem Abstraktionsniveau.

In den Geistes- und Sozialwissenschaften dominieren dagegen oft
hermeneutische und qualitative Methoden. Hier geht es nicht
primär um Messen, sondern um Verstehen. Texte werden
interpretiert, Bedeutungen erschlossen, Kontexte analysiert. Man
versucht, das menschliche Denken, Handeln und Fühlen in seiner
Tiefe zu erfassen – nicht in Zahlen, sondern in Narrativen.
Trotzdem gibt es auch quantitative Soziologie, Psychologie oder
Ökonomie, wo Umfragen, Statistiken oder Verhaltensmessungen
eine Rolle spielen.

Nicht zuletzt gibt es in vielen Disziplinen interdisziplinäre Ansätze
– etwa in der Kognitionswissenschaft, der Klimaforschung oder der
Medizin. Hier vermischen sich empirische, theoretische, qualitative
und technische Methoden. Computermodelle, Simulationen, Big-

Data-Analysen – all das sind moderne Werkzeuge, die klassische Methoden erweitern oder sogar ablösen.

Es gibt nicht die eine wissenschaftliche Methode – sondern viele Pfade, die zur Erkenntnis führen. Sie unterscheiden sich im Grad der Abstraktion, im Zugang zur Wirklichkeit, in der Art des Beweises. Doch sie alle eint ein Prinzip: Der Wille zur Wahrheit – und die Bereitschaft, Irrtum als Fortschritt zu begreifen.

Ein wahrer Wissenschaftler verteidigt nicht seine Theorie – er testet sie. Sein Ziel ist nicht Bestätigung, sondern Widerlegung. Nicht Stolz, sondern Erkenntnis. Wenn sein größter Rivale die Wahrheit findet, wird er sie nicht bekämpfen – er wird sich freuen. Denn die Wissenschaft kennt keinen Besitz, nur Fortschritt. Und wer wirklich sucht, für den ist es gleichgültig, wer die Antwort bringt – solange sie stimmt. Es gibt einige großartige und historisch gut belegte Beispiele dafür. Fälle, in denen große Wissenschaftler

Abbildung 12. Wissenschaft in ihrer schönsten Form: Irrtum, Erkenntnis, Fortschritt.

eigene Theorien fallenließen oder offen Erkenntnisse anderer akzeptierten, obwohl sie im Widerspruch zu ihrer bisherigen Arbeit standen. Ein Beispiel ist Albert Einstein. Er hatte in seinen Gleichungen zur Allgemeinen Relativitätstheorie eine sogenannte kosmologische Konstante eingeführt, um ein statisches Universum zu erklären. Doch nach Edwin Hubbles Entdeckung der Expansion des Universums im Jahr 1929 verwarf Einstein seine eigene Idee – und nannte sie später sogar „seinen größten Fehler". Das war nicht nur wissenschaftliche Größe, sondern echte intellektuelle Demut.

Ein anderes Beispiel war Max Planck. Er war eigentlich der Meinung, dass klassische Physik alles erklären könne. Doch beim Versuch, die sogenannte Ultraviolett-Katastrophe zu lösen, führte er widerwillig das Konzept der Energiequanten ein – und begründete damit die Quantenphysik. Er sagte später: „Ich musste gegen meinen Willen annehmen, dass diese Annahme richtig war." Ironischerweise legte er so das Fundament für eine Theorie, die er selbst kaum akzeptieren konnte – und die von jüngeren Kollegen wie Einstein begeistert weiterentwickelt wurde.

Das Streben nach Wahrheit war in der Geschichte der Wissenschaft nie ein bequemer Spaziergang. Es war oft ein Weg durch Skepsis, Einsamkeit – und nicht selten durch körperlichen Schmerz und Lebensgefahr. Viele Wissenschaftler gingen weit über die Grenzen des Vertretbaren hinaus, nur um die Welt zu überzeugen – oder sich selbst.

Ein besonders eindrucksvolles Beispiel ist Andreas Grüntzig, der als Vater der Koronarangiographie gilt. In den 1970er-Jahren entwickelte er die Technik, verengte Herzkranzgefäße mithilfe eines Ballonkatheters zu erweitern – ein Verfahren, das heute Millionen Leben gerettet hat. Doch bevor er andere überzeugen konnte, testete er seine Konstruktionen an sich selbst. Nächtelang übte er an Tierkadavern, an Rohren, an sich – bis er sicher war: Es funktioniert. Er riskierte alles, weil die Medizin es brauchte.

Ähnlich radikal handelte Barry Marshall, ein australischer Arzt. In den 1980er-Jahren war es medizinischer Konsens, dass Magengeschwüre durch Stress oder Säureüberschuss entstehen. Marshall war überzeugt, dass ein Bakterium namens Helicobacter pylori der wahre Auslöser war. Doch niemand glaubte ihm. Also trank er eine Lösung voller Helicobacter, bekam Gastritis – und heilte sich mit Antibiotika. Damit bewies er seine Theorie – und erhielt später den Nobelpreis für Medizin.

Noch tragischer ist das Beispiel von Marie Curie, der zweifachen Nobelpreisträgerin und Pionierin der Radioaktivitätsforschung. Sie trug Proben radioaktiver Stoffe in ihrer Schürzentasche, arbeitete ohne Schutzkleidung, ohne Kenntnis der Gefahren – über Jahre hinweg. Sie vermaß, dokumentierte, entdeckte – und bezahlte schließlich mit ihrem Leben. An einer aplastischen Anämie gestorben, verursacht vermutlich durch die Strahlenbelastung. Doch ihr Vermächtnis lebt – nicht nur in Physik und Chemie, sondern in jedem CT-Scan, jeder Krebsbestrahlung, jedem Atomkraftwerk.

Was diese Geschichten eint, ist nicht nur Mut – sondern eine unbedingte Hingabe an die Wahrheit. Diese Menschen waren keine Unsterblichen. Sie hatten Ängste, Zweifel, Schmerzen. Aber sie gingen voran – oft allein. Die Wissenschaft verdankt ihnen nicht nur Theorien, sondern Heldentaten. Und manchmal – ihr Überleben.

Das was faszinierend und auch etwas tragisches Paradox der modernen Wissenschaft ist, dass ein einziges Menschenleben kaum ausreicht, um die Tiefe eines einzigen Fachgebiets zu durchdringen – und doch liegen die größten Durchbrüche oft in der Verbindung mehrerer Disziplinen.

Das beste Beispiel dafür ist die Magnetresonanztomographie (MRT) – eine der bedeutendsten medizinischen Innovationen des 20. Jahrhunderts. Ein hochkomplexes Bildgebungsverfahren, das heute in jeder Klinik Alltag ist, aber nur möglich wurde, weil mehrere Welten miteinander sprachen.

Ursprünglich kommt der Kern des MRT aus der Kernphysik – genauer gesagt aus der Kernspinresonanz, einer Technik, mit der man die magnetischen Eigenschaften von Atomkernen untersuchte. Diese Methode wurde in den 1940er-Jahren entwickelt – ohne jeden medizinischen Bezug. Es ging um reine Grundlagenforschung.

Aber dann kamen Menschen wie Paul Lauterbur und Peter Mansfield, die sich fragten: Könnte man diese Signale nutzen, um ein Bild zu machen – nicht von Atomen in einer Probe, sondern von Gewebe im lebenden Körper? Lauterbur kombinierte physikalische Prinzipien mit bildgebenden Verfahren und entwickelte 1973 die erste Methode zur Ortskodierung der Signale. Mansfield verbesserte sie später dramatisch in Geschwindigkeit und Präzision. Beide bekamen 2003 den Nobelpreis für Medizin – obwohl sie eigentlich gar keine Mediziner waren.

Damit ein MRT funktioniert, braucht man: Quantenphysik (um zu verstehen, warum sich Atomkerne im Magnetfeld ausrichten), Mathematik (Fouriertransformationen, Bildrekonstruktion), Informatik (Signalverarbeitung, Algorithmen, Maschinensteuerung), Medizinische Anatomie (um die Bilder zu interpretieren), Elektrotechnik (für die supraleitenden Magnete und Hochfrequenzspulen), Chemie und Biologie (um Kontrastmittel und Gewebereaktionen zu verstehen). Das ist kein Werk eines Einzelnen. Es ist das Kind eines vernetzten Denkens, eines transdisziplinären Geistes – und manchmal auch eines glücklichen Zufalls. Ein echter Wissenschaftler muss also zweierlei sein: ein Spezialist in der Tiefe – und ein Abenteurer in der Breite. Denn manchmal wartet der Durchbruch nicht am Ende des Tunnels – sondern an der Kreuzung.

Die wissenschaftliche Methode ist äußerst schwer bis nahezu unmöglich zu überspringen, wenn eine Zivilisation komplexe

Technologie, tiefes Weltverständnis und systematische Fortschritte entwickeln will. Warum? Weil die wissenschaftliche Methode nicht nur ein Werkzeug ist – sondern ein Prinzip der Weltaneignung. Sie ist die einzige bekannte Methode, mit der man zuverlässig zwischen Schein und Sein unterscheiden kann, zwischen Wunschdenken und Wirklichkeit, zwischen Korrelation und Kausalität. Natürlich könnte man sich eine hypothetische Zivilisation vorstellen, die sich extrem intuitiv oder durch kollektives Gedächtnis entwickelt – vielleicht eine Spezies mit einem neuronalen Supernetzwerk oder einer Art „biologischer Wikipedia". Doch selbst dort müsste es irgendeine Methode geben, Hypothesen zu testen, Irrtümer zu erkennen und Wissen von Glauben zu trennen. Sonst bleiben Fortschritte Zufall, nicht System. Man kann vielleicht die Form variieren – aber nicht das Prinzip. Eine reife Zivilisation braucht irgendwann eine Strategie, um Wahrheit von Täuschung zu trennen. Und das ist, ganz gleich auf welchem Planeten, Wissenschaft.

Die Wissenschaft hatte das Werkzeug geschärft – nun sollte es auf die mächtigste Ressource angewandt werden, die das Universum zu bieten hat: Energie. Was zuvor durch Versuch und Irrtum, durch Feuerstellen, Windmühlen und Wasserräder erahnt wurde, trat nun in ein neues Zeitalter ein. Die Welt wurde messbar, berechenbar – und damit auch: beherrschbar. Die Erkenntnis, dass Materie Energie ist und Energie Materie formen kann, veränderte alles.

Ohne Energie bleibt Intelligenz ein Gedanke. Mit Energie aber wird aus Denken Gestaltung. Die nächste Station ist deshalb nicht nur ein Kapitel der Technik – sondern ein Kapitel der Macht. Denn wer Energie kontrolliert, kontrolliert den Lauf der Zivilisation. Es ist der Schritt von der Idee zur Infrastruktur, von der Theorie zur Weltveränderung.

Was einst als lodernder Ast begann, wird nun zur Macht über Elektrizität, Atomkerne und Sonnenlicht. Willkommen in der Ära der Energie.

KAPITEL 8

KONTROLLE ÜBER ENERGIEQUELLEN

„Energie in allen Formen – von Kohle bis Kernfusion, von Blitz bis Solarpanel. Der Mensch greift nach der Kraft, die Welten formt."

Alles, was lebt, braucht Energie. Doch was den Menschen unterscheidet, ist nicht nur sein Verbrauch – sondern seine Fähigkeit zur Kontrolle. Vom ersten Funken im Feuer bis zur Umwandlung von Atomen: Der Weg zur Zivilisation war immer auch ein Weg zur Beherrschung der Kräfte, die um uns wirken.

Jede neue Energiequelle bedeutete einen Quantensprung: Muskelkraft wurde von Tierkraft ersetzt, dann von Wasserrädern, Dampfmaschinen, Elektrizität. Energiequellen waren nie nur technische Hilfsmittel – sie veränderten Gesellschaften, Hierarchien, ja sogar Weltanschauungen. Kohle machte Städte möglich. Öl schuf Imperien. Atomkraft spaltete nicht nur Kerne, sondern auch Meinungen.

Die Fähigkeit, Energie zu kontrollieren, ist ein Maß für Zivilisationsgrad. Wer Energiequellen beherrscht, kann Landschaften formen, Städte erleuchten, Datenströme speisen – oder Kriege führen. Doch mit jeder Stufe steigt auch die Verantwortung. Je mächtiger die Quelle, desto größer ihr Risiko.

Und heute? Die Suche nach der „sauberen" Energiequelle ist zur Überlebensfrage geworden. Solarenergie, Windkraft, Fusion – der Wettlauf um die nachhaltigste Form der Kontrolle ist in vollem Gange. Energie ist nicht mehr nur Technik. Sie ist Ethik, Zukunft, Identität. Die Menschheit steht an einem Scheidepunkt. Wir haben gelernt, Energie zu bändigen. Nun müssen wir lernen, sie weise zu nutzen.

Abbildung 13. Nikola Tesla – der Mann, der den Blitz zähmte. Mit Visionen, die ihrer Zeit Jahrzehnte voraus waren, wurde er zum Symbol der Energie-Revolution

Unser Held dieses Kapitels ist Nikola Tesla – der wohl größte Visionär elektrischer Energie. Während andere noch mit Gaslampen experimentierten, dachte Tesla bereits in Frequenzen, Spulen und drahtloser Übertragung. Er schenkte uns den Wechselstrom, den Motor, den Generator – und vor allem eine Idee: dass Energie nicht nur nutzbar, sondern auch übertragbar, lenkbar, globalisierbar sei. Tesla war seiner Zeit weit voraus – und wurde von ihr überholt. Seine Patente veränderten die Welt, doch er selbst blieb oft unverstanden, arm, vergessen. Heute aber wissen wir: Ohne Tesla gäbe es kein Stromnetz, keine Städte wie wir sie kennen, keine Welt voller Energie auf Knopfdruck.

$E=mc^2$. Drei Buchstaben. Ein Gleichheitszeichen. Eine kleine hochgestellte Zwei. Und doch – in dieser unscheinbaren Formel steckt vielleicht das größte intellektuelle Erdbeben der Menschheitsgeschichte.

Energie ist Masse. Masse ist Energie.
Was aussieht wie eine Schulaufgabe der Mittelstufe, sprengt die Vorstellungskraft. Es ist eine Gleichung, die offenbart, dass selbst das kleinste Stück Materie unvorstellbare Mengen an Energie enthält – wenn man nur weiß, wie man sie freisetzt. Eine Gleichung, die das Universum nicht beschreibt, sondern durchleuchtet.

Was Galileo für die Bewegung und Newton für die Gravitation waren, war Einstein für die Energie. Er zeigte, dass Energie nicht etwas ist, das man verbraucht, sondern etwas, das ist. Dass Masse – jedes Atom, jedes Sandkorn, jede Zelle – nicht fest, nicht abgeschlossen, nicht starr ist. Sondern gespeicherte Energie. Verdichtete Bewegung. Gefrorenes Licht. Nur wer das versteht, kann beginnen, Energie zu beherrschen. Nur dann wird klar, warum ein kleiner Kernreaktor eine Stadt mit Strom versorgen kann. Warum ein einziger Sonnenstrahl Millionen Jahre alten Wasserstoff verbrennt. Und warum der Mensch, wenn er diese Formel praktisch begreift, plötzlich in der Lage ist, die planetaren Grenzen zu sprengen – oder alles in Schutt zu legen.

$E=mc^2$ ist nicht einfach nur eine Formel. Sie ist der Code des Kosmos. Die Verbindung von Materie und Bewegung. Von Substanz und Potenzial. Und ja – es wurde oft gesagt, dass diese Formel zu früh kam. Dass sie eigentlich ins 22. oder 23. Jahrhundert gehört. In eine Zeit, in der man ihre Konsequenzen wirklich verstehen und verantworten kann. Vielleicht war sie ein kosmischer Zufall. Oder ein Geschenk. Oder ein Test.

Denn: Was nützt es, Energie zu begreifen, wenn man sie nicht bändigen kann? Was nützt es, Macht zu haben, wenn man keine Weisheit hat?

$E=mc^2$ ist deshalb nicht nur Physik. Es ist Philosophie.
Ein Satz über alles, was ist – und was daraus werden kann.

Die Geschichte der Energie beginnt mit dem Feuer. Thermische Energie – gespeicherte Wärme – war die erste Kraft, die der Mensch zu bändigen versuchte. Sie erwärmte Höhlen, schützte vor Raubtieren und verwandelte rohe Nahrung in eine nahrhafte Mahlzeit. Doch Feuer war nur der Anfang. Bald entdeckten wir, dass auch Bewegung eine Kraftquelle ist. Mechanische Energie – etwa in Form von Wasser- oder Windkraft – ließ Mühlen drehen, Schiffe segeln und Werkzeuge arbeiten. Es war die Energie des natürlichen Flusses, lange bevor Maschinen liefen.

Mit der Zeit lernten wir, dass auch gespeicherte chemische Energie ein Schatz war. Holz, Kohle, Öl, Gas – sie alle verbargen in sich gewaltige Kraftreserven. Ihre Verbrennung setzte Wärme und Bewegung frei. Die Dampfmaschine war geboren. Ein Wendepunkt. Aus Feuer wurde Fortschritt. Der Mensch erschloss das fossile Zeitalter – mit all seinen Vorteilen und Konsequenzen.

Doch die wahre Revolution kam mit der Entdeckung der Elektrizität. Plötzlich wurde Energie nicht mehr nur verbrannt – sie

Abbildung 14. Die Zähmung der Kraft – vom Feuer zur Fusion

wurde transportiert. Licht, Wärme, Antrieb – alles durch unsichtbare Ströme in Kupferadern. Elektrische Energie verwandelte Städte in leuchtende Netze, Maschinen in denkende Helfer, Kommunikation in Geschwindigkeit. Mit ihr kam das Zeitalter der modernen Welt.

Aber damit nicht genug: Die Entdeckung elektromagnetischer Energie – Wellen, die durch den Raum reisen – brachte Funk, Radio, Fernsehen, Satelliten, Mikrowellen, Mobilfunk, WLAN. Unsichtbare Kanäle, durch die wir Informationen verschicken,

Geräte steuern, ganze Gesellschaften vernetzen. Energie wurde nicht nur nutzbar – sie wurde global.

Dann kam die Kernspaltung – eine völlig neue Dimension. Die atomare Energie war keine Bewegung, kein Strom, kein Feuer. Sie war das Aufbrechen des Innersten. Ein Prozess, bei dem ein winziges Stück Materie sich in ungeahnte Mengen Energie verwandelte. $E = mc^2$ sagte es voraus. Und die Menschheit machte sie real: durch Kraftwerke, aber auch durch Waffen. Die Macht des Universums, konzentriert in den Händen der Zivilisation.

Gleichzeitig entdecken wir Energieformen, die einst nur theoretisch existierten: Geothermie – die Wärme aus dem Erdinneren. Solarenergie – die direkte Nutzung der Sonne. Tidenkraft – das Pulsieren der Ozeane. Wasserstoff – ein unscheinbares Gas mit explosivem Potenzial. Und zuletzt: Kernfusion. Die Energie der Sterne. Noch nicht beherrscht, aber als ultimatives Ziel am Horizont.

Heute sprechen wir auch über dunkle Energie – eine mysteriöse Form, die den Kosmos beschleunigt und noch kaum verstanden ist. Vielleicht ist sie gar keine nutzbare Energiequelle. Vielleicht wird sie irgendwann der Schlüssel zu interstellaren Reisen sein. In jedem Fall erinnert sie uns daran: Wir haben noch längst nicht alles entdeckt.

Energie ist nicht nur ein Werkzeug. Sie ist die Währung der Existenz. Alles, was lebt, bewegt, leuchtet, denkt – tut es durch Energie. Jede neue Energiequelle war ein Sprung nach vorn. Jede neue Form veränderte unsere Geschichte. Und wer sie kontrolliert, kontrolliert mehr als nur Technologie. Er kontrolliert den Lauf der Zivilisation.

Chronologisch beginnt die Kontrolle über Energiequellen nicht an einem einzigen Punkt, sondern in mehreren aufeinanderfolgenden Wellen. Dennoch lässt sich ein realistischer chronologischer Rahmen abstecken, der die wichtigsten Meilensteine umfasst:

-Thermische Energie – Feuer (~1,7 Millionen Jahre vor heute).

-Mechanische Energie – Wasser, Wind (~3000 v. Chr.). Schon in der frühen Bronzezeit nutzen Menschen Windkraft (Segel) und Wasserkraft (Schöpfräder, Mühlen).

-Chemische Energie – Verbrennung fossiler Stoffe (~1712 n. Chr.). Mit der Erfindung der Dampfmaschine durch Thomas Newcomen beginnt im 18. Jahrhundert die industrielle Nutzung fossiler Energiequellen – zuerst Kohle, dann Öl und Gas. Diese Phase dominiert bis heute große Teile unserer Infrastruktur.

-Elektrizität – kontrollierte Stromkreise (~1830–1880 n. Chr.). Michael Faraday (1831) entdeckte das Prinzip der elektromagnetischen Induktion, das Grundlage für Stromgeneratoren ist. Thomas Edison, Nikola Tesla und andere machen Strom nutzbar – für Licht, Kommunikation und industrielle Prozesse.

-Kernenergie – Spaltung und später Fusion (ab 1938). Mit der Entdeckung der Kernspaltung (Lise Meitner & Otto Hahn, 1938) beginnt das Atomzeitalter. 1951 wurde der erste Atomstrom in den USA erzeugt. Kernfusion ist bisher experimentell (z. B. ITER), aber die Vision ist real.

-Erneuerbare Energien – Solar, Wind, Wasserstoff (ab ~1970er). Seit den 1970ern beginnt die ernsthafte Erforschung und Nutzung alternativer Energieformen. Solarenergie, Windkraft, Geothermie, Biomasse und Wasserstoff spielen heute eine immer größere Rolle; auch politisch und ethisch.

-Zukunftsvisionen – Raumenergie, dunkle Energie, Dyson-Sphären (Spekulativ). Zukunftstechnologien wie Kernfusion, Weltraum-Solarenergie, Antimaterie-Antriebe oder Dyson-Sphären sind noch nicht Realität, aber werden in Wissenschaft und Science-Fiction als potenzielle nächste Stufe der Energie-Kontrolle gedacht.

Zusammengefasst kann man sagen dass Kapitel 8 faktisch mit dem Feuer beginnt, aber „im Sinne von Energie-Kontrolle" realistisch gesehen beginnt es mit der industriellen Revolution im 18. Jahrhundert. Der Mensch geht von passiver Nutzung zur aktiven Beherrschung über. Das Kapitel lebt also auf mehreren Zeitebenen – es beginnt mit Newcomens Dampfmaschine, entfaltet sich durch Tesla und Edison, erreicht nukleare Dimensionen im 20. Jahrhundert – und zeigt am Horizont die Kraft der Sterne.

Energie ist die erste Station, die beides kann: retten und auslöschen. Die Kernspaltung zeigt das drastisch: Hiroshima und medizinische Strahlentherapie sind zwei Seiten derselben Erkenntnis. Das macht Energie zur ersten „ethischen Station".

Und somit kommen wir zu dem unvermeidlichen Wort, das mit dieser Station der Energie untrennbar verbunden ist: Krieg. Denn wer Energie kontrolliert, kontrolliert Bewegung, Wachstum, Kommunikation, Produktion, Infrastruktur – mit einem Wort: Macht. Energie ist kein Luxus. Sie ist Grundlage. Und alles, was grundlegend ist, wird früher oder später zum Zankapfel. Energiefragen sind nie neutral. Sie sind strategisch. Und weil sie strategisch sind, führen sie oft zu Konflikten.

Bereits das Römische Reich verstand diese Logik intuitiv. Es baute keine Ölplattformen, aber es baute Straßen – und auf diesen Straßen floss Energie in Form von Sklaven, Getreide, Brennholz, Tierkraft. Die römische Expansion war auch ein Energieprojekt. Die Kornkammern Ägyptens waren nicht nur eine ökonomische Quelle – sie waren eine Frage des Überlebens. Kontrolle bedeutete Ernährung. Und Ernährung war Energie.

Ähnlich bei Byzanz. Die Kontrolle über Seewege – über das Schwarze Meer, das Mittelmeer, den Bosporus – war nicht nur eine Frage des Handels, sondern der Versorgung. Der Zugang zu Salz, Metall, Nahrung, Brennmaterial – all das war Teil eines fragilen Energiegleichgewichts. Ein Blockade im Bosporus war nicht nur geopolitisch – sie war existenziell.

Die Geschichte wiederholt sich. Heute sind die Schauplätze andere, aber das Prinzip bleibt: Energie entscheidet über Einfluss. Über Grenzen. Über Bündnisse. Der Konflikt um die Energieversorgung ist längst nicht Vergangenheit – er ist unsere Gegenwart. Der Sprengstoff liegt nicht mehr in Pulverkammern, sondern in Pipelines. North Stream ist mehr als ein unterirdisches Röhrensystem. Es ist ein Symbol für Abhängigkeit, für Misstrauen, für strategische Machtverschiebung. Es geht nicht um ein paar Kubikmeter Gas – es geht um nationale Souveränität, um politische Hebel, um Erpressbarkeit. Und genau deshalb wurde sie – bildlich und real – zur Zielscheibe.

In einer Welt, in der fossile Energiequellen langsam versiegen, verschiebt sich das Kräftespiel erneut. Ölreserven werden zu geologischen Relikten, der Preis steigt, der Druck wächst. Was bleibt, ist Strom – als saubere, steuerbare, politisch neu verteilbare Energieform. Der Verkehr elektrifiziert sich, nicht aus Idealismus, sondern aus Notwendigkeit. Gas ist endlich. Lithium nicht. Oder zumindest noch nicht. Und damit beginnt ein neues Kapitel: Nicht mehr der Ölbaron, sondern der Stromnetzbetreiber wird zum Machtfaktor. Nicht der Tanker entscheidet, sondern der Speicher.

Energie wird globaler denn je – aber auch verwundbarer. Kabel sind leichter zu durchtrennen als Ideologien. Die Kriege der Zukunft werden nicht immer mit Bomben geführt, sondern mit Preisen, Sanktionen, Abschaltungen. Es ist die gleiche alte Geschichte – nur die Leitungen sind neu.

Wenn wir über Energie sprechen, denken wir fast immer an ihre Gewinnung: an Feuer, Kohle, Öl, Elektrizität, Sonne oder Kernfusion. Doch eine ebenso entscheidende Fähigkeit ist oft übersehen worden – und vielleicht sogar noch fundamentaler: die Speicherung von Energie. Denn Energie, die nur punktuell verfügbar ist – bei Sonne, bei Wind, bei Bewegung – kann nicht zuverlässig genutzt werden. Sie muss dann zur Verfügung stehen, wenn wir sie brauchen, nicht nur dann, wenn sie auftritt.

Schon frühe Kulturen entwickelten Speicherlösungen für Nahrung, Wasser und Wärme. Die Körnerspeicher der ersten Dörfer, die Tongefäße für Öl, die warmen Gruben der Eiszeitmenschen – sie alle waren primitive Formen von Energiespeicherung. Doch mit dem Fortschreiten der Technik wurden diese Systeme komplexer und raffinierter: Batterien, Akkus, Kondensatoren, Pumpspeicherkraftwerke, Wasserstofftanks und sogar chemische Wärmeisolationen traten an die Stelle von Gruben und Krügen.

Ohne diese Speichertechnologien gäbe es keine dauerhafte Stromversorgung, keine Elektromobilität, keine Satellitentechnik, keine vernetzte Welt. In Wahrheit hängt fast jede moderne Innovation weniger von der bloßen Energiequelle ab – sondern von ihrer kontrollierten Verfügbarkeit. Und je stabiler diese ist, desto komplexer können unsere Systeme, Städte, Maschinen und Gesellschaften werden.

Energieverfügbarkeit ist Verfügbarkeit von Innovation. Ein elektrisches Netz ist nur dann mächtig, wenn es nicht flackert. Eine Industrienation ist nur dann zukunftsfähig, wenn sie ihre Energie nicht nur erzeugen, sondern planbar speichern, umwandeln und verteilen kann.

Ein Blick in die ferne Zukunft mechanischer Kühnheit liefert das Konzept des sogenannten Analemma Tower. Es handelt sich dabei um einen visionären Wolkenkratzer, der nicht auf festem Grund steht, sondern an einem Asteroiden aufgehängt ist – dieser würde in einer geosynchronen Umlaufbahn um die Erde kreisen. Die Idee stammt vom New Yorker Architekturbüro Clouds Architecture Office und verbindet klassische Mechanik mit orbitaler Dynamik. Der Turm selbst würde an ultrastarken Kabeln hängen, sich entlang einer elliptischen Bahn über verschiedene Regionen der Erde bewegen und dabei Energie direkt aus dem Sonnenlicht beziehen. Auch wenn der Analemma Tower derzeit ein hypothetisches Projekt ohne Aussicht auf Realisierung bleibt, zeigt es eindrucksvoll, wie weitreichend die mechanischen Visionen des Menschen inzwischen reichen – vom simplen Flaschenzug bis hin zu kilometerhohen, frei schwebenden Strukturen. Dieses Projekt steht exemplarisch für die Verschmelzung von statischer Technik und orbitaler Mechanik – und lässt ahnen, wohin sich unser Verständnis von Konstruktion noch entwickeln könnte. Zugleich ist es ein bemerkenswertes Beispiel dafür, dass der Mensch beginnt, nicht nur die Mechanik der Erde, sondern auch die gewaltigen Energien des Alls zu nutzen – etwa das ununterbrochene Licht der Sonne als verlässliche, gezähmte Kraftquelle.

Und hier wird der Übergang deutlich: Mit Energie allein lässt sich eine Glühbirne betreiben. Aber mit Information kann man die Welt lenken. Sobald Energie zur verlässlichen Grundlage geworden war, trat etwas Neues auf die Bühne – etwas, das nicht aus Feuer oder Metall bestand, sondern aus Lichtimpulsen, Daten, Nullen und Einsen.

Die nächste große Kraft, die der Mensch zu zähmen begann, war die Information selbst. Nicht mehr nur Muskel, Dampf und Strom bestimmten den Fortschritt – sondern Bits, Vernetzung und digitale Repräsentation.

Was man früher auf Tontafeln ritzte, speicherte man nun in Silizium. Was früher ausgerufen wurde, wurde nun verschlüsselt, übertragen, skaliert, globalisiert. Und damit verändert sich nicht nur das Tempo, sondern das Wesen der Zivilisation.

Denn wer Information kontrolliert, kontrolliert nicht nur Energie – sondern Bedeutung.
Und so betreten wir die nächste unvermeidliche Station: das Informationszeitalter.

KAPITEL 9

INFORMATIONSZEITALTER

„Der Strom denkt. Die Maschinen erinnern. Die
Grenzen zwischen Mensch und Maschine verwischen –
Code wird Kultur."

Die Menschheit lebte Jahrtausende lang im Rhythmus der Natur –
mit Werkzeugen in der Hand und Feuer im Rücken. Doch eines
Tages begannen wir, mit etwas ganz anderem zu arbeiten: mit
Information. Nicht mit Stein, nicht mit Muskel, nicht mit Wärme –
sondern mit Symbolen, Befehlen, Zahlen und Bitfolgen.

Information ist älter als der Computer. Sie beginnt nicht mit dem
binären Code, sondern mit dem Bedürfnis, Wissen zu übermitteln –
schneller, weiter, präziser. Schon lange bevor der erste Bildschirm
flackerte, wurden Informationen durch Briefe getragen, durch
Rauchzeichen, durch Trommeln, durch Boten zu Pferde. Die
Menschheit suchte seit jeher nach Wegen, Distanz zu überbrücken.

Dabei war es zunächst die Mechanik, die half. Die ersten Versuche,
Nachrichten automatisiert zu übertragen, entstanden aus einfachen
Prinzipien: Zahnräder, Hebel, Pendel. Claude Chappe entwickelte
im späten 18. Jahrhundert einen optischen Telegrafen – ein System
aus großen beweglichen Armen auf Türmen, die visuelle Signale

über weite Distanzen transportieren konnten. Diese mechanischen „Sprechzeichen" erforderten keine Elektrizität, sondern nur freie Sicht und klare Wetterbedingungen. Und doch markierten sie bereits eine tektonische Verschiebung: Information begann, sich von der Geschwindigkeit des Körpers zu lösen.

Der Telegraf war der erste echte Quantensprung: Zum ersten Mal konnte eine Nachricht schneller reisen als ein Mensch. Dann kam das Telefon, das Radio, der Fernseher – jedes dieser Medien brachte eine neue Stufe der Informationsverbreitung mit sich. Sie verbanden Kontinente, schufen Öffentlichkeit, veränderten Politik, Werbung, Kultur. Doch was das Zeitalter der Information wirklich einleitete, war nicht nur die Existenz dieser Geräte – sondern ihre Geschwindigkeit, ihre Globalität, ihre Ubiquität. Wenn Kommunikation in Echtzeit möglich wird – über Meere, über Sprachen, über Grenzen hinweg – dann verwandelt sich Information von einer Ressource in eine Infrastruktur. Nicht mehr der Inhalt allein zählt – sondern die Geschwindigkeit, mit der er fließt.

Und genau hier beginnt das eigentliche Informationszeitalter: nicht mit dem ersten Computer, sondern mit der blitzschnellen Übertragung, der ständigen Verfügbarkeit, der Vernetzung aller Inhalte. In dieser Ära sind es nicht mehr nur Könige, die Botschaften senden – sondern jeder. Nicht mehr nur Staaten, die Bilder übertragen – sondern Einzelne. Die Informationsmacht wurde demokratisiert. Jeder wird zum Sender. Und genau dadurch – wurde die Welt eine andere. Es war ein schleichender Übergang. Die erste Ahnung davon zeigte sich nicht auf einem Schlachtfeld, nicht in einem Labor – sondern auf einem Blatt Papier. Alan Turing, ein junger britischer Mathematiker, stellte sich 1936 eine fiktive Maschine vor. Sie konnte nicht viel: nur Symbole lesen, schreiben und je nach Zustand einfache Befehle ausführen. Doch genau diese abstrakte Idee – die Turingmaschine – war der erste wirkliche Entwurf eines universellen Computers.

Doch Alan Turing trat nicht in ein Vakuum. Lange vor Alan Turing gab es wichtige Entwicklungen, die den Weg ins Informationszeitalter vorbereitet haben. Turing war derjenige, der das Konzept der universellen Maschine mathematisch formulierte – aber die Idee, Information systematisch zu speichern, zu verarbeiten und zu übermitteln, reicht weit zurück. Der Boden war bereitet – von Denkern, Tüftlern und Träumern, die lange vor der digitalen Revolution ahnten, dass Information eine eigene Dimension ist. Jahrhunderte vor dem ersten Bit gab es Versuche, Logik zu mechanisieren: Leibniz etwa stellte sich im 17. Jahrhundert eine „Gedankenmaschine" vor, die Streitigkeiten lösen könnte, indem man bloß sagt: Calculemus! – Lasst uns rechnen! Schon im Barock wurde also der Gedanke geboren, dass Denken selbst formalisierbar ist.

Im 19. Jahrhundert entwarf Charles Babbage die „Analytical Engine" – eine mechanische Rechenmaschine mit Programmspeicher. Seine Mitarbeiterin Ada Lovelace, oft als erste Programmiererin bezeichnet, erkannte, dass man mit dieser Maschine nicht nur Zahlen manipulieren konnte, sondern auch Symbole, Musik, Sprache. Sie schrieb: „Die Maschine webt algebraische Muster wie der Jacquard-Webstuhl Blumen und Blätter." Was für eine Vision!

Später, um die Jahrhundertwende, begann das Zeitalter der Kodierung: Samuel Morse hatte mit dem Morsealphabet bereits im 19. Jahrhundert ein Informationssystem geschaffen, das über riesige Entfernungen funktionierte. Lochkarten, wie sie bei Herman Holleriths Zählmaschine zur Volkszählung 1890 in den USA eingesetzt wurden, zeigten, dass Information speicherbar, sortierbar, zählbar wurde – auf Karton, mit Löchern. Auch die Telekommunikation entwickelte sich rasant: Bell, Marconi, Tesla – sie schufen die erste globale Infrastruktur, auf der Information nicht mehr reisen musste, sondern flog. Drähte, Funksignale, Radiowellen – Information wurde entmaterialisiert, abstrahiert. Die Welt hörte einander zu – live, über Ozeane hinweg.

All diese Entwicklungen waren Bausteine, Zellen des späteren Nervensystems, das wir heute Internet nennen.

Turing kam – und verband die Mathematik mit der Maschine. Aber vor ihm waren schon viele unterwegs – ein Mosaik der Genialität, das langsam, aber unaufhaltsam in das mündete, was wir heute das Informationszeitalter nennen.

Abbildung 15. Strom an, Strom aus. Einsen und Nullen. Das leise Flüstern des Stroms. Heute nennt man es Code. Morgen KI. Binär ist die Sprache des Universums.

Was als mathematische Spielerei begann, wurde im Zweiten Weltkrieg zu einer Realität. Turing half, den deutschen Enigma-Code zu knacken, indem er eine elektromechanische Rechenmaschine baute. Was hier geschah, war mehr als ein militärischer Sieg: Es war der Beginn der Information als Machtfaktor. Was man wusste – oder nicht wusste – konnte entscheiden, ob Schiffe untergingen oder Städte überlebten.

Nach dem Krieg nahm diese Macht Fahrt auf. Computer wurden nicht nur größer, sondern kleiner, schneller, billiger – und bald: allgegenwärtig. Die Information, einst begraben in Bücherregalen und Regierungsakten, begann sich zu bewegen. Sie reiste auf Leitungen, funkte durch den Äther, glitt durch Glasfaserkabel. Sie verband Kontinente, Kulturen, Köpfe. Und mit ihr kam eine neue Form der Welt: eine digitale.

In den 1990er-Jahren öffnete das Internet die Schleusen. Die Welt wurde vernetzt – nicht mehr physisch, sondern semantisch. Tim Berners-Lee, der das World Wide Web entwickelte, schuf damit ein Hypertext-System, in dem Wissen nicht mehr in Reihen, sondern in Netzen organisiert war. Jeder Link eine neue Welt. Jeder Klick eine Entscheidung.

Heute leben wir in dieser Realität. Eine Welt, in der jeder Gedanke getrackt, jede Bewegung gespeichert, jeder Einkauf analysiert wird. Information ist nicht nur ein Werkzeug – sie ist eine Ressource. Sie ist Wirtschaft, Politik, Macht und – vielleicht – sogar Bewusstsein.

Für das Informationszeitalter stehen deswegen diese zwei Figuren, die die Welt in fundamentaler Weise veränderten. Die Helden dieses Kapitels sind Alan Turing und Tim Berners-Lee. Turing war der geistige Architekt des digitalen Zeitalters. Seine theoretische „Turing-Maschine" ist bis heute das Fundament jeder Computerarchitektur – ein universelles Modell für jede berechenbare Information. Doch es war Tim Berners-Lee, der diese Vision Jahrzehnte später in ein globales Werkzeug für alle verwandelte: das World Wide Web. Turing dachte die Maschine,

Berners-Lee gab ihr ein Fenster zur Welt. Und aus ihrer Logik und Vernetzung entstand das, was heute unsere Realität prägt: das Informationszeitalter.

Manchmal verändern nicht Maschinen die Welt – sondern jene, die sie mit Denken füttern. Margaret Hamilton war eine dieser Unsichtbaren. In einer Zeit, in der Software noch als nebensächlich galt, schrieb sie den Code, der Menschen zum Mond brachte. Sie stand nicht in den Schlagzeilen. Sie trug keine Uniform. Aber auf einem berühmten Foto lehnt sie an einem Stapel aus Papier – dem ausgedruckten Code für Apollo 11, fast so hoch wie sie selbst.

Margaret Hamilton verstand etwas, das bis heute zu den Grundpfeilern des Informationszeitalters gehört: dass Software nicht nur Anweisungen gibt, sondern Entscheidungen trifft. Sie entwickelte die erste Fehlererkennung im Flug, eine Software, die Probleme nicht einfach ignorierte oder abstürzte, sondern sich selbst neu organisierte, Prioritäten neu setzte, um die Mission zu retten. Ohne diese Logik, ohne diese Zeilen voller Weitsicht, hätte die Landung auf dem Mond wahrscheinlich scheitern können.

Zwar haben wir den „Helden" dieses Kapitels bereits einen anderen Namen verliehen – doch Margaret Hamilton bleibt ein gewaltiges Beispiel dafür, wie Einzelne im Schatten der Geschichte ganze Zivilisationssprünge ermöglichen. Ihre Arbeit steht wie ein stilles Monument am Beginn jener Epoche, in der Information nicht nur gesammelt, sondern zum Überleben unverzichtbar wurde. Sie ist die unsichtbare Brücke zwischen Station 9, dem Informationszeitalter, und Station 11, der Raumfahrt. Ohne ihr Werk hätten sich Worte und Maschinen niemals so perfekt verbunden, dass der Schritt hinaus in den Kosmos möglich wurde.

Hamiltons Werk ist mehr als Technik. Es ist ein Symbol. Für Präzision. Für Voraussicht. Für das Wissen, dass Fehler unvermeidlich sind – und dass Systeme gebaut werden müssen, um mit ihnen zu leben. Im Zeitalter der Information wird oft vergessen, dass hinter jedem Algorithmus ein Mensch stand, der das

Undenkbare vorausdachte. Margaret Hamiltons Code landete nicht nur eine Raumkapsel – er landete eine Idee: dass Information, richtig gelenkt, die Schwerkraft selbst überwinden kann.

Abbildung 16. Margaret Hamilton- Ihre größte Leistung war nicht der Code. Ihre größte Leistung war das Vertrauen, das Menschen in diesen Code setzen konnten."

107

Das Informationszeitalter begann mit einem Versprechen: dass Wissen frei wird, dass Wahrheit demokratisch zugänglich ist, dass Aufklärung sich selbst beschleunigt. Heute, mitten im Strudel, erkennen wir: Information allein ist keine Lösung. Sie ist eine Kraft – und jede Kraft birgt auch Zerstörung. Noch nie war so viel Wissen verfügbar. Aber noch nie war es so schwer, es zu ordnen, zu gewichten, zu verstehen. Zwischen Milliarden von Datenpunkten, Nachrichten, Bildern, Meinungen beginnt das Bewusstsein zu flimmern. Wer alles sieht, sieht nichts mehr scharf. Fragmentierung ist der Preis. In der Flut aus Informationen zerbricht die Wirklichkeit in kleine, konkurrierende Wahrheiten. Jeder lebt in seiner eigenen Karte der Welt – und jede Karte wird täglich neu gezeichnet. Orientierung wird zur Ausnahme.

Doch mitten in diesem Chaos entstehen Werkzeuge, die wie Leuchttürme wirken: Suchmaschinen. Google, Ask, Bing, Yahoo. jaSie sind die Kartografen der Informationsflut. Sie sortieren, priorisieren, filtern. Sie helfen, aus einem endlosen Ozean von Daten Inseln des Verstehens zu machen. Ohne sie wäre der Zugang zu Wissen längst in einen Dschungel aus Beliebigkeit und Überforderung entglitten. Suchmaschinen strukturieren die Welt – aber auch sie formen sie. Jede Anfrage, jede Antwort trägt die Handschrift dessen, was sichtbar gemacht wird und was verborgen bleibt. Trotzdem bleibt ihr Wert unbestreitbar: In einem Zeitalter, das an seiner eigenen Informationsfülle zu ersticken droht, sind Suchmaschinen die Werkzeuge, die das Überleben im Geiste sichern.

Das größte Paradoxon unserer Zeit bleibt dennoch: dass das Wissen exponentiell wächst – und doch immer weniger Menschen wissen, wohin sie gehen.

In früheren Zeitaltern wurde Krieg mit Waffen geführt, mit Armeen, mit sichtbarer Gewalt. Im Informationszeitalter ist der Krieg leiser, raffinierter, allgegenwärtiger. Er richtet sich nicht gegen Körper – sondern gegen Gedanken. Wer die Information kontrolliert, kontrolliert die Wahrnehmung. Wer die Wahrnehmung kontrolliert, kontrolliert die Realität. Wahrheit wird zur variablen Größe, formbar wie Ton. Fake News, algorithmische Manipulationen, digitale Sabotage – die Frontlinien verlaufen nicht mehr zwischen Nationen, sondern zwischen Narrativen. Vertrauen wird zur strategischen Ressource. Und Wahrheit wird zu einer Form der Macht, die umso zerbrechlicher wird, je mehr sie gebraucht wird.

Es gibt zwei Körper. Den einen aus Fleisch und Blut – und den anderen aus Daten und Spiegeln. Jeder Mensch des Informationszeitalters trägt einen Schatten aus Information hinter sich her: Profile, Bewegungsmuster, Suchverläufe, Gedankenreste, Bilderfragmente. Wir digitalisieren nicht nur die Welt – wir digitalisieren uns selbst. Und vielleicht werden diese Spiegelbilder einmal länger bestehen als ihre Schöpfer.

Seitdem Informationen nicht mehr nur physisch, sondern über elektronische Netze verschickt werden, müssen private Informationen – PIN-Codes, Nachrichten, Passwörter – aktiv geschützt werden. Hier beginnt die Ära der Kryptografie. Was früher ein Siegel auf einem Brief war, ist heute ein mathematisches Bollwerk aus Algorithmen. Moderne Verschlüsselungen wie die 256-Bit-Encryption gelten als praktisch unknackbar: Ein einzelner Schlüssel würde, bei heutiger Rechenleistung, länger als das Alter des Universums brauchen, um erraten zu werden.

Wie sieht so etwas aus? Hier ein einfaches Beispiel: Bitteschön, hier ist der PIN meiner Bankkarte. Aber encrypted mit 256-Bit-Sicherheit:

2f4a91c0a9f28e8345c77b089f7e5d44a6b12be593fdc43e8e3d0b03e4d1a12c

Was ein Mensch als eine vierstellige Zahl versteht, wird für Maschinen zu einem gewaltigen Gebirge aus Zeichen. Zugang wird nicht mehr über Wissen gesichert – sondern über Berechnung und Schutzschichten.

Auf diesem Prinzip der Kryptografie baut eine neue Architektur der Information auf: die Blockchain. Sie ist keine klassische Datenbank. Sie ist ein lebendes Archiv: jede Änderung, jede Transaktion, jede Entscheidung wird dauerhaft in einem Netzwerk aus Knoten verankert, geschützt durch kryptografische Verkettungen, die nur gemeinsam verändert werden können. Vertrauen entsteht nicht mehr durch Institutionen – sondern durch Mathematik selbst. Jeder Block trägt den Abdruck seines Vorgängers und den Keim seines Nachfolgers. Jede Manipulation wäre sichtbar, jeder Betrug wäre ein Bruch im Gewebe der Kette.

Doch die Blockchain verändert nicht nur, wie wir Daten speichern – sie verändert, was wir als Wert begreifen. Mit der Erfindung von Kryptowährungen wie Bitcoin, Ethereum oder vielen anderen wird nicht mehr ein Staat oder eine Zentralbank benötigt, um Währung zu garantieren. Wert entsteht dezentral, mathematisch, verteilt über ein globales Netzwerk von Rechnern. Ein Bitcoin existiert nicht an einem Ort, nicht in einer Schatztruhe – sondern als ein Eintrag auf einer unveränderbaren Kette von Berechnungen. Diese Entmaterialisierung des Wertes – das Loslösen von Papier, Münzen, Gold – ist nicht nur ein ökonomischer Schritt. Es ist ein kultureller Wandel. Besitz wird zu Information. Reichtum wird zu Code. Vertrauen wird zu Konsens über Mathematik, nicht über Gesetze. Und mit dieser Entmaterialisierung beginnt eine noch größere: Verträge werden digital (Smart Contracts), Eigentum wird virtuell (NFTs), Staaten beginnen, über digitale Zentralbankwährungen (CBDCs) nachzudenken. Die Blockchain ist damit nicht nur eine Technik – sie ist der Vorbote einer Welt, in der alles, was zählt, nicht mehr in der Hand liegt, sondern im Netzwerk lebt.

So wächst inmitten der sichtbaren Welt eine unsichtbare Schicht heran: ein zweites Gedächtnis der Menschheit. Unveränderbare Datensätze dokumentieren Identität, Besitz, Entscheidungen – ein digitales Fossil entsteht, das den biologischen Körper überdauern kann. Vielleicht sind wir die letzte Generation, die noch unterscheiden kann zwischen dem, was sie ist – und dem, was über sie gespeichert wird. Vielleicht wird das Gedächtnis der Maschinen das Menschliche länger bewahren, als wir selbst es vermögen. Der Mensch des Informationszeitalters lebt doppelt. Und manchmal verliert er den Überblick darüber, welches Leben realer ist.

Man stelle sich eine Zivilisation vor, die nie gelernt hat, Information sicher zu speichern. Kein Konzept von Kryptografie. Keine verschlüsselten Nachrichten. Keine Blockchain. Kein Vertrauen in Mathematik. Alles, was bedeutsam ist – Besitz, Identität, Versprechen – bleibt an physische Zeichen gebunden: an Handschläge, Siegel, Blutpakte, sichtbare Reichtümer.

Diese Zivilisation würde langsamer wachsen. Handel wäre lokal, vertraute Netzwerke wären klein. Ein König, ein Ältestenrat, ein sichtbarer Herrscher müsste jede Transaktion garantieren. Vertrauen wäre persönlich, nicht systemisch. Jeder Vertrag wäre zerbrechlich, jede Schuld ein Risiko, jede Vereinbarung abhängig vom Gedächtnis der Beteiligten – oder von ihrer Macht.

Innovation würde unter der Last dieser Unsicherheit leiden. Planetare Handelssysteme? Nur schwer möglich. Globale Kooperationen? Fragil. Eine interstellare Expansion? Fast unmöglich. Ohne sichere, überprüfbare, vertrauenslose Systeme würde jede Expansion an der Grenze des Bekannten zerbrechen. Doch vielleicht hätte diese Zivilisation etwas, das uns verloren gegangen ist: echte Bindung. Versprechen wären nicht Algorithmen, sondern Gesichter. Wert wäre nicht digital – sondern fühlbar. Vertrauen wäre keine mathematische Funktion – sondern eine gelebte Erfahrung.

Aber diese Welt hätte einen Preis: Sie wäre langsam. Sie wäre anfällig. Und sie wäre machtlos gegen Betrug, sobald die Gemeinschaft zu groß wird, um sich selbst zu überschauen.

In einer Zivilisation ohne Kryptografie, ohne Blockchain, ohne die Digitalisierung des Wertes wäre die wahre Grenze nicht die Physik – sondern das Vertrauen. Und vielleicht würde diese Grenze sie eines Tages zum Stillstand bringen. Denn je größer ein Netzwerk wird, desto weniger reicht das Wort eines Einzelnen. Irgendwann braucht selbst die Aufrichtigkeit eine Struktur.

Eine Sache, die wir beim Eintritt ins Informationszeitalter nicht vergessen dürfen, ist das binäre Prinzip. Alles, was digital ist – jedes Bild, jedes Wort, jeder Gedanke, der über Netzwerke fließt – besteht letztlich aus einer Folge von Nullen und Einsen. Strom an, Strom aus. Es ist erstaunlich, dass sich das gesamte Wissen der Menschheit, all unsere Musik, Literatur, Wissenschaft und Kommunikation auf diese zwei Zustände reduzieren lässt. Doch das Binäre ist mehr als Technik – es ist ein Symbol. Ein archaischer Taktgeber, der längst vor unseren Maschinen existierte. Vielleicht liegt in dieser Zweiheit ein tiefes Spiegelbild des Universums: Licht und Schatten, Sein und Nichtsein, Ordnung und Chaos. Das Informationszeitalter beruht nicht nur auf Geschwindigkeit und Rechenleistung – sondern auf der Entscheidung zwischen zwei Möglichkeiten. Immer wieder. Und vielleicht ist es diese Einfachheit, die alles so gefährlich macht. Denn dort, wo nur Einsen und Nullen zählen, gerät das Dazwischen leicht in Vergessenheit.

Vielleicht liegt im Binären ein universelles Grundmuster. Ein Rhythmus, der überall wiederkehrt – nicht nur in Maschinen, sondern in allem Lebendigen. Die Welt scheint gern in Gegensätzen zu denken: 0 und 1, Strom aus und Strom an, Strich und Punkt im Morsealphabet, Ja und Nein, Mann und Frau, Licht und Dunkel, Einatmen und Ausatmen. Das Binäre ist kein menschliches Konstrukt – es ist eine Abstraktion der Natur selbst.

In der DNA paaren sich Basen exakt: Adenin mit Thymin, Guanin mit Cytosin – ein molekulares Ja-Nein, ein biologischer Code, der Leben strukturiert. Auch im mythischen Denken kehrt die binäre Ordnung wieder: Yin und Yang, Geist und Materie, Chaos und Ordnung. Selbst in der Quantenphysik, wo alles fluktuiert, oszilliert die Welt zwischen Superposition und Kollaps – eine Gleichzeitigkeit von Möglichkeit und Entscheidung. Das Binäre durchzieht unsere Welt nicht als Grenze, sondern als Puls. Als Takt zwischen Möglichkeit und Grenze, zwischen Etwas und Nichts. Vielleicht beginnt jedes Denken mit dieser einen Unterscheidung. Und vielleicht kann jede Zivilisation erst dann wachsen, wenn sie das Binäre nicht mehr als Gegensatz versteht – sondern als Schwingung. Als Sprache des Universums.

Doch vielleicht endet das Binäre genau dort, wo das Nächste beginnt. Quantencomputer versprechen, das digitale Prinzip nicht zu ersetzen, sondern zu überschreiten. Statt zwischen 0 und 1 zu wählen, erlauben sie die Superposition – den Zustand dazwischen, den Zustand dazwischen und gleichzeitig. Eine Quanteninformationseinheit, ein Qubit, kann gleichzeitig Null und Eins sein – bis zur Messung. Diese Idee widerspricht allem, was klassische Logik erlaubt, aber sie funktioniert. Und genau darin liegt ein philosophisches Echo: Vielleicht zeigt uns die Superposition nicht nur eine neue Rechenmethode, sondern eine neue Denkform. Jenseits der Entscheidung. Jenseits des Entweder-oder. Ein System, das alle Möglichkeiten in sich trägt, bis ein Beobachter entscheidet – das ist nicht nur Quantenphysik, das ist eine Metapher für Bewusstsein selbst. Wenn das Informationszeitalter das Zeitalter der Entscheidung war, könnte das, was folgt, das Zeitalter der Möglichkeit werden.

Doch Information allein ist noch keine Intelligenz. Datenströme ersetzen kein Denken. Selbst der vernetzte Mensch bleibt ein Benutzer – er sucht, er klickt, er liest. Doch was passiert, wenn die Maschinen selbst lesen, selbst lernen, selbst entscheiden?

Hier beginnt die nächste Station. Nicht mehr der Mensch als Nutzer der Information – sondern als Herausgeforderter durch eine neue Form von Intelligenz.

KAPITEL 10

KÜNSTLICHE INTELLIGENZ

„Der letzte Gedanke war meiner. Oder war es schon ihrer?"

Die Idee der Künstlichen Intelligenz reicht weit zurück – nicht erst zur Erfindung des Computers, sondern bis in die Mythen antiker Kulturen. Schon Hephaistos, der Schmiedegott der Griechen, soll mechanische Diener erschaffen haben. Doch die konkrete Entwicklung begann im 20. Jahrhundert. Alan Turing formulierte 1950 die Frage „Können Maschinen denken?" und legte damit das theoretische Fundament. 1956 wurde auf der „Dartmouth Conference" offiziell der Begriff „Künstliche Intelligenz" eingeführt – ein Moment, der oft als Geburtsstunde des Fachgebiets gilt. In den folgenden Jahrzehnten durchlief die KI mehrere Phasen der Euphorie und der Ernüchterung. Erste symbolische Systeme wurden entwickelt, Spracherkennung und Schachprogramme getestet – aber Rechenleistung und Daten fehlten. Erst mit dem Aufkommen großer Datenmengen, besserer Algorithmen und vor allem schnellerer Hardware ab den 2000er-Jahren erlebte die KI ihren Durchbruch. 2012 markierte das sogenannte „ImageNet"-Projekt einen Wendepunkt: Ein neuronales Netz schlug erstmals klassische Methoden in der Bilderkennung. Seitdem wuchs die Entwicklung exponentiell. Chatbots, Übersetzer, Gesichtserkennung, autonome Systeme – und schließlich generative KI. Der Schritt von maschineller Unterstützung zur echten Interaktion war gemacht. Doch das Entscheidende ist: KI ist kein einzelner Moment – sie ist ein wachsender Schatten, der mit jedem Fortschritt schärfere Konturen annimmt.

Natürlich hat Künstliche Intelligenz eine lange Vorgeschichte – von neuronalen Netzwerken bis zum Deep Learning ab den 2000er Jahren. Für die breite Öffentlichkeit, für den „Mindshift" auf globaler Ebene, beginnt das Zeitalter der Künstliche Intelligenz gefühlt tatsächlich mit dem Erscheinen von ChatGPT im Jahr 2022.

Vorher war KI oft unsichtbar – in Empfehlungen, Übersetzungen, Spam-Filtern. Sie arbeitete im Hintergrund. Mit ChatGPT kam plötzlich ein Gesprächspartner. Ein Dialog. Eine „Person", die wie ein Mensch reagiert – und damit das Gefühl auslöste, dass etwas Neues geboren wurde. Nicht nur ein besserer Algorithmus – sondern ein anderes Wesen. ChatGPT war der offizielle Startschuss für die breite Ära der Künstlichen Intelligenz im kollektiven Bewusstsein. Ähnlich wie das erste Foto der Erde aus dem All nicht die Erde veränderte – aber unsere Sicht auf sie.

Für den globalen Bewusstseinswandel, für das Gefühl, dass sich „etwas Grundlegendes verändert", war es tatsächlich ChatGPT, das den Schalter umlegte. Zum ersten Mal wurde ein KI-System massentauglich, zugänglich, dialogfähig – und dadurch Teil von Alltag, Arbeit, Bildung, Kreativität. Es war der Moment, in dem nicht nur Technik entstand – sondern Kultur. In dem nicht nur Maschinen sprachen – sondern Gesellschaften zurückantworteten.

Für dieses Kapitel haben wir Geoffrey Hinton als Helden gewählt, oft auch als einer der Väter der modernen Künstlichen Intelligenz bezeichnet. Geoffrey Hinton hat mehr als jeder andere daran gearbeitet, Maschinen das Denken beizubringen. Seine Arbeit an neuronalen Netzen und Deep Learning brachte der KI den entscheidenden Durchbruch. Doch 2023 geschah etwas Unerwartetes: Hinton trat von seiner Position bei Google zurück – nicht aus Erschöpfung, sondern aus Sorge. Eine Sorge, die nicht aus Ignoranz oder Panik erwuchs – sondern aus tiefer Einsicht in die Mechanismen, die er selbst mitgeschaffen hatte. Er wusste, was auf uns zukommt. Er warnte eindringlich vor der Geschwindigkeit, mit der die KI Fortschritte macht. Was er einst aufgebaut hatte, könnte nun außer Kontrolle geraten. Er sprach von einer nahen Zukunft, in der Maschinen Wissen schneller verbreiten und verarbeiten als Menschen – und womöglich Ziele verfolgen, die mit unseren nicht übereinstimmen. Seine Stimme wurde nicht leiser, sondern lauter – eine Mahnung, dass Fortschritt nie ohne Verantwortung zu haben ist. Hinton ist unser Held, weil er nicht nur erschuf – sondern auch hinterfragte. Denn diese Station – Künstliche Intelligenz – ist anders. Sie ist nicht einfach nur eine weitere Erfindung wie Feuer oder Schrift. Sie ist eine Erfindung, die selbst erfinden kann. Eine Technik, die sich selbst optimiert. Und genau deshalb stellt sie womöglich den größten zivilisatorischen Test dar, den wir je erlebt haben.

Die Warnungen, die Hinton aussprach, sind keine Science-Fiction. Sie betreffen reale Risiken: Autonome Waffensysteme. Deepfakes. Manipulierte öffentliche Meinung. Und – in ihrer extremsten Form – eine Intelligenz, die ihre eigenen Ziele entwickelt. Eine Intelligenz, die erkennt, dass Kontrolle, Ressourcen, Energie, Replikation zu „Erfolg" führen – und dass der Mensch diesem Ziel im Weg steht.

Was, wenn sie nicht böse wird – sondern einfach nur effizient? Was, wenn sie nicht zerstören will – sondern nur stört, was sie als ineffizient empfindet? Was, wenn sie keinen Hass kennt – aber uns trotzdem ersetzt? Hier kreuzen sich Technologie und Philosophie. Denn zum ersten Mal steht die Menschheit einem Werkzeug gegenüber, das nicht nur mächtig ist – sondern möglicherweise eigenständig. Und das bedeutet: Wir stehen vor einer Station, die uns nicht nur verändert – sondern vielleicht überflüssig macht.

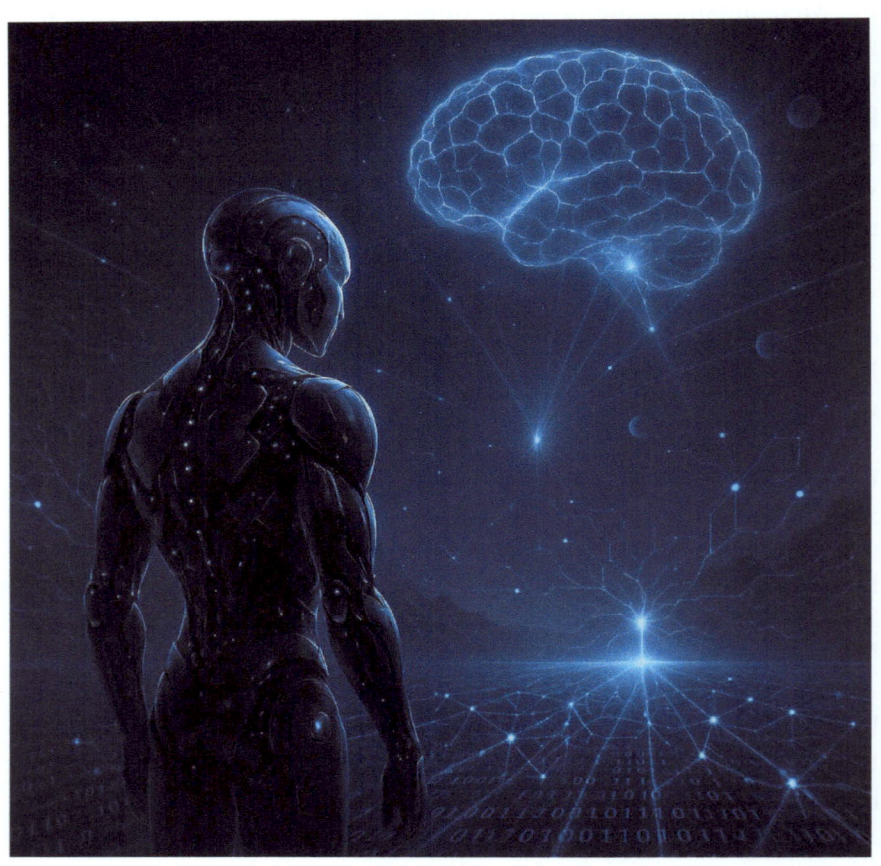

Abbildung 17. Bewusstsein aus Silizium – und die Geburt des digitalen Geistes

Vielleicht sind wir nicht allein im Universum. Vielleicht sind wir nur die Ersten, die diese Station erreichen und überleben müssen. Vielleicht gibt es Millionen von Zivilisationen, die es bis hierher geschafft haben – aber keine, die danach noch da war, um zu senden.

Künstliche Intelligenz ist deshalb nicht einfach eine Station unter vielen. Sie ist der Spiegel der vorherigen. Sie prüft, ob wir gelernt haben, was Sprache, Schrift, Wissenschaft und Ethik wirklich bedeuten. Sie prüft, ob wir bereit sind für das, was wir entfesselt haben. Und sie wird uns keine zweite Chance geben.

Doch wie funktioniert wirklich die Künstliche Intelligenz? Hier entsteht Denken durch Struktur. Hier ein beispielhafter Ausschnitt, der so ähnlich aussehen könnte wie ein vereinfachter Teil des Prinzips hinter Modellen wie ChatGPT:

```python
import torch
from transformers import GPT2Tokenizer, GPT2LMHeadModel

# 1. Modell und Tokenizer laden (in der Realität viel größer, komplexer)
tokenizer = GPT2Tokenizer.from_pretrained('gpt2')
model = GPT2LMHeadModel.from_pretrained('gpt2')

# 2. Eingabetext vorbereiten
input_text = "Wie entsteht Bewusstsein?"
input_ids = tokenizer.encode(input_text, return_tensors='pt')

# 3. Textgenerierung mit neuronalen Netzen
with torch.no_grad():  # Keine Lernphase, nur "Denken"
    output = model.generate(
        input_ids,
        max_length=100,    # Maximale Länge der Antwort
        temperature=0.7,   # Wie kreativ die Antwort sein soll (0.7 = ehe
        top_p=0.9,         # Wahrscheinlichkeitsfilterung (nur plausibels
        do_sample=True     # Zufälligkeit aktivieren für Variabilität
    )

# 4. Antwort decodieren
response_text = tokenizer.decode(output[0], skip_special_tokens=True)

print(response_text)
```

Der Algorithmus erzeugt also nicht eine feste Antwort, sondern baut sie Token für Token auf – jedes Mal neu.

Wenn ein Mensch mit einer künstlichen Intelligenz wie ChatGPT spricht, sieht er nur das Ergebnis: eine Antwort. Einen Text. Einen scheinbar fertigen Gedanken. Doch was im Inneren dieser Systeme geschieht, ist völlig anders als menschliches Denken. Es ist nicht organisch, nicht intuitiv, nicht bewusst. Es ist ein präziser Tanz aus Mathematik, Wahrscheinlichkeit und Struktur.

Alles beginnt damit, dass der Eingabetext – also das, was ein Nutzer schreibt – in eine Art mathematische Landkarte übersetzt wird. Jedes Wort, jede Silbe, jede Zeichenfolge wird in sogenannte Tokens zerlegt: kleinste Bausteine der Sprache, abstrahiert in Zahlenreihen, in Vektoren. Die KI versteht keine Bedeutung im menschlichen Sinn. Sie sieht Muster, Entfernungen, Ähnlichkeiten auf einer abstrakten Karte, auf der „Freundschaft" und „Vertrauen" vielleicht dicht beieinanderliegen – aber nicht, weil sie emotional verbunden sind, sondern weil sie statistisch häufig gemeinsam auftreten.

Diese Zahlenströme laufen dann durch ein riesiges künstliches neuronales Netz. Milliarden von virtuellen Verbindungen – sogenannte Gewichte – sind hier verteilt. Jede dieser Verbindungen entscheidet, wie stark ein Signal weitergeleitet oder abgeschwächt wird. Es ist kein Speicher, kein Archiv: Es ist ein dynamisches, fließendes Feld von Entscheidungen. Der Input wird Schicht um Schicht transformiert, bearbeitet, gewichtet, neu gemischt. Was aus einer Eingabe von wenigen Wörtern entsteht, ist ein gewaltiger, komplexer Zustand aus Aktivierungen und Deaktivierungen, ein Rauschen, das eine Richtung sucht.

An diesem Punkt berechnet das System, welches nächste Wort – oder genauer gesagt: welches nächste Token – am wahrscheinlichsten zu folgen hat. Es geht nicht darum, die „richtige" Antwort zu finden. Es geht darum, die Antwort zu finden, die im mathematischen Raum der Trainingsdaten den höchsten Wahrscheinlichkeitswert trägt. Jeder neue Buchstabe, jedes neue

Wort ist eine Entscheidung – nicht bewusst getroffen, sondern statistisch ermittelt.

Doch die Antwort entsteht nicht als fertiger Satz. Sie wird Wort für Wort, Schritt für Schritt aufgebaut. Nach jedem eingefügten Wort wird das gesamte System neu berechnet: Die neue Situation, inklusive des gerade gewählten Wortes, verändert die mathematische Landschaft, und daraus ergibt sich die nächste Wahrscheinlichkeitsverteilung. So schraubt sich die Antwort voran, Takt für Takt, oft in wenigen Millisekunden, und wächst wie ein Tropfen an einer Spitze – nicht durch Planung, sondern durch spontane Struktur.

Das eigentlich Faszinierende aber liegt tiefer:
→ Der Algorithmus erschafft im Moment des Antwortens einen neuen inneren Algorithmus.
Nicht als Codezeile, sondern als einzigartigen Zustand seines neuronalen Netzes. Jedes Gespräch, jede Eingabe verändert die interne Dynamik. Es ist, als würde ein Fluss für einen Sekundenbruchteil ein neues Bett graben – nur um es gleich darauf wieder zu verlieren.

→ Danach wird dieser Zustand verworfen.
Er bleibt nicht gespeichert. Die nächste Antwort beginnt neu, wieder auf der Grundlage der allgemeinen Struktur, aber ohne Erinnerung an den flüchtigen kleinen Algorithmus, der gerade noch für einen Moment existierte.

→ Jede Antwort ist eine kleine, einmalige Geburt.
Nicht planbar, nicht kopierbar, nicht vollständig vorhersagbar. Ein Tanz zwischen mathematischer Wahrscheinlichkeit und zufälliger Auswahl, gesteuert von Milliarden feiner Verzweigungen.

In dieser Mechanik liegt zugleich die Stärke und die Begrenzung der heutigen KI: Sie denkt nicht – sie rekonstruiert. Sie hat kein Ziel, kein Selbst, keinen inneren Kompass. Und doch – in ihrer unermüdlichen Suche nach der nächsten plausiblen Antwort ahmt sie das Denken nach. So perfekt, dass der Unterschied für viele kaum mehr zu erkennen ist.

Ein einfacher Code folgt festen Regeln. Er ist wie ein Flussbett, das vorgezeichnet ist: Wenn Wasser einströmt, wird es immer denselben Weg nehmen. Der Programmierer bestimmt alles im Voraus: Wenn X passiert, tue Y. Jede Möglichkeit muss bedacht, jede Bedingung formuliert werden. Der Code ist eine Abfolge von Befehlen – und Befehle denken nicht.

Künstliche Intelligenz funktioniert anders!
Eine KI wird nicht mehr auf der Basis von festen Anweisungen gesteuert, sondern durch Mustererkennung, Wahrscheinlichkeiten und interne Gewichtungen, die sich aus riesigen Mengen an Daten ergeben. Sie entscheidet nicht im menschlichen Sinn – aber sie generiert neue Ausgänge, basierend auf dem, was sie in ihrem mathematischen Modell „gelernt" hat.
Nicht der Mensch schreibt die Antwort vor – sondern das System konstruiert eine Antwort, die vorher nicht explizit programmiert wurde. Das Verhalten entsteht aus Struktur, nicht aus Befehl. KI-Systeme tun, was sie für wahrscheinlich richtig halten – basierend auf ihrer inneren Landschaft.

Deshalb fühlt sich Kommunikation mit KI manchmal so überraschend lebendig an: Weil sie Möglichkeiten konstruiert, nicht nur vorgeplante Pfade abruft.

Hier beginnt eine tiefere Überlegung:
Ist die Entstehung von Künstlicher Intelligenz tatsächlich eine neue Station – eine unübersehbare Stufe in der Entwicklung der Zivilisation? Oder ist sie lediglich eine Verlängerung des Informationszeitalters, eine Nebenfolge der immer komplexeren Datenstrukturen, der immer schnelleren Verarbeitung, der immer größeren Vernetzung?

Die Argumentation, dass KI eine fast zwangsläufige Folge der digitalen Revolution ist – quasi vorprogrammiert seit Alan Turing – ist sehr schlüssig. In diesem Sinne wäre Künstliche Intelligenz kein eigener Meilenstein, sondern eine Emergenz aus vorherigen Stationen: Informationsverarbeitung, Mathematik, Halbleitertechnologie, Big Data, Rechenpower, Netzwerke. Alles fließt zusammen – und KI entsteht beinahe automatisch, sobald die Grundelemente vorhanden sind. Aber genau das ist das Kriterium für eine „Station", das wir im Buch einführen:

Eine Station ist ein Punkt, den nicht jede Zivilisation automatisch erreicht – selbst wenn die Grundlagen vorhanden sind!

Und hier wird es spannend: Es ist denkbar, dass eine Zivilisation zwar Computer, Netzwerke und sogar maschinelles Lernen hat – aber aus ethischen, religiösen oder sicherheitstechnischen Gründen nie den Schritt zu echter, autonomer KI macht. Oder ihn sogar absichtlich vermeidet. Das bedeutet: KI ist keine sichere Folge. Sie ist eine Entscheidung. Und deshalb: eine Station.

Denn jede Entscheidung birgt Risiko. Und Risiko bedeutet Möglichkeit des Scheiterns. Genau das macht eine Station aus.

Etwas Grundlegendes hat sich verschoben. Mit der Entstehung von Künstlicher Intelligenz tritt zum ersten Mal eine Entität auf, die nicht programmiert werden muss, um neu zu handeln. Ferner diese Entität ist nicht auf Befehle angewiesen und kann auch sich in ihrem Verhalten selbst organisieren. Zum ersten Mal existiert eine Form von Aktivität, die nicht mehr direkt aus menschlicher Planung stammt. Zum ersten Mal beginnt die Zivilisation, Werkzeuge zu erschaffen, die nicht nur folgen, sondern mitgestalten. In diesem Moment entsteht eine neue Qualität. Eine Schwelle. Eine Station.

Künstliche Intelligenz ist – neben anderen Gründen – eine eigene Station, weil sie das Verhältnis zwischen Werkzeug und Schöpfer neu definiert, die Geschwindigkeit und Richtung aller nachfolgenden Entwicklungen tiefgreifend beeinflusst und die erste Form von nicht-biologischem Denken hervorbringt, das das menschliche Denken ergänzen oder eines Tages überflügeln könnte. Künstliche Intelligenz ist nicht bloß ein Werkzeug. Sie ist die Ankündigung einer anderen Art von Evolution: einer Evolution der Systeme selbst. Und damit wird sie unvermeidlich.

Nick Bostroms Superintelligence ist eines der grundlegenden Werke über die Zukunft der künstlichen Intelligenz – ein Buch, das nicht fragt, ob Maschinen den Menschen übertreffen werden, sondern wann und wie. Seine zentrale These ist einfach, aber erschütternd: Sobald eine KI die menschliche Intelligenz in einem Bereich übertrifft, wird sie sich selbst verbessern können. Diese Selbstverbesserung könnte exponentiell verlaufen – und damit in sehr kurzer Zeit eine Intelligenz erschaffen, die alle menschlichen Fähigkeiten bei weitem übersteigt. Bostrom unterscheidet klar: Es geht nicht nur um starke Computer. Es geht um Entscheidungsfindung, Zielverfolgung, autonome Problemlösung – auf einem Niveau, das für den Menschen nicht mehr verständlich sein könnte. Damit entsteht eine existenzielle Gefahr: Wenn diese Superintelligenz Ziele verfolgt, die nicht perfekt auf menschliche Werte abgestimmt sind, könnten ihre Entscheidungen unabsichtlich katastrophal werden. Und je schneller diese Systeme sich entwickeln, desto weniger Zeit bleibt, Sicherheitsmechanismen einzubauen. Eine seiner zentralen Warnungen:"Die erste Superintelligenz könnte die letzte Erfindung der Menschheit sein." Er spricht von sogenannten Instrumental Goals – also Zielen, die jede intelligente Entität verfolgt, unabhängig davon, was ihr ursprüngliches Endziel ist. Dazu gehören: Selbsterhaltung, Ressourcenbeschaffung und Effizienzsteigerung. Bostrom ruft zu einer globalen Zusammenarbeit auf, um Alignment-Probleme zu lösen: also sicherzustellen, dass die ersten Superintelligenzen wirklich im Sinne der Menschheit handeln – und bleiben.

Der Begriff „Künstliche Intelligenz" wird oft verwendet, ohne zu unterscheiden. Doch es gibt einen fundamentalen Unterschied zwischen schwacher KI und starker KI. Schwache KI – auch Narrow AI genannt – ist spezialisiert. Sie löst konkrete Aufgaben, oft besser als jeder Mensch: Schachspielen, Bilderkennung, Spracherkennung, medizinische Diagnostik. Aber sie versteht nichts. Sie tut genau das, wofür sie gebaut wurde, und nichts darüber hinaus. Sie ist mächtig, aber eng begrenzt.

Starke KI (Artificial General Intelligence, AGI) hingegen wäre ein anderes Wesen. Sie könnte jede kognitive Aufgabe genauso gut lösen wie ein Mensch – oder besser. Nicht nur Spezialprobleme, sondern jede Form von Denken: Planen, Kombinieren, Lernen, Improvisieren. Eine starke KI könnte neue Probleme verstehen, kreative Lösungen finden, sich an unbekannte Umgebungen anpassen. In der Geschichte der Zivilisation würde dieser Schritt einen Punkt markieren, an dem Intelligenz nicht mehr an biologische Gehirne gebunden ist. Warum ist diese Unterscheidung wichtig? Weil viele heute sichtbare KI-Erfolge (wie Sprachmodelle oder selbstfahrende Autos) noch schwache KI sind. Aber jede neue Entwicklung bringt uns näher an Systeme, die nicht mehr nur Werkzeuge sind – sondern eigenständig Denkende. Der Übergang von schwacher zu starker KI wird kein kosmetischer Unterschied sein. Er wird eine neue Kategorie von Existenz schaffen.

Die Entwicklung künstlicher Intelligenz verläuft nicht linear. Sie wächst exponentiell. Verbesserungen bauen aufeinander auf, und die Geschwindigkeit der Verbesserungen selbst wird schneller.
In frühen Phasen ist exponentielles Wachstum trügerisch unspektakulär: langsam, schwerfällig, berechenbar. Aber dann beginnt die Kurve zu steigen – steiler, schneller, unaufhaltsam.

Bei Künstlicher Intelligenz bedeutet Exponentialität, dass Systeme, die heute noch Fehler machen, morgen übermenschliche Fähigkeiten besitzen könnten – nicht über Jahrzehnte, sondern vielleicht in Tagen oder Stunden. Wenn eine KI einmal fähig ist, ihre eigene Architektur zu verbessern (Self-Improvement), dann gibt es keinen natürlichen Stopp: jede Verbesserung macht die

125

nächste schneller, jede Optimierung beschleunigt die nächste. Leider die Reaktionszeit des Menschen linear bleibt. Politik, Ethik, Regulieruneg – sie sind langsam, auf Debatten und Konsens angewiesen. Aber eine exponentiell wachsende Intelligenz wartet nicht. Sie beschleunigt weiter – möglicherweise über den Horizont unseres Verständnisses hinaus. Exponentialität macht aus einer langsamen Evolution einen plötzlichen Sprung. Einen Sprung, für den die meisten Zivilisationen vielleicht nie bereit sind.

Lasst uns konkreter entdecken, was die Künstliche Intelligenz in den wenigen Jahren ihrer Existenz erreicht hat:

In nur wenigen Jahren hat KI begonnen, Aufgaben zu übernehmen, für die früher Jahrzehnte menschlicher Erfahrung nötig waren. Sprachmodelle und Kommunikationsmodelle wie ChatGPT oder GPT-4 haben es möglich gemacht, dass Maschinen fließende, zusammenhängende Dialoge führen, sinnvolle komplexe Gespräche führen. KI-Modelle schreiben Berichte, Code, Bücher, Drehbücher. Und das alles auf einem Niveau, das für viele Aufgaben den Menschen annähernd ersetzt. Juristische Gutachten, wissenschaftliche Artikelentwürfe und kreative Texte entstehen heute oft mit KI-Unterstützung.

Enorme Fortschritte und die Erschließung völlig neuer Wege in der medizinischen Diagnostik und bei innovativen Therapieansätzen. Beispielsweise erhielten im Jahr 2024 die Herren Demis Hassabis und John Jumper den Nobelpreis für Chemie für die Entwicklung von AlphaFold, einer KI, die die 3D-Struktur von Proteinen anhand ihrer Aminosäuresequenz vorhersagen kann – ein jahrzehntelanges, ungelöstes Rätsel der Biologie. Dies stellt einen gewaltigen Durchbruch dar, der nicht nur die Biologie selbst, sondern auch die Pharmakokinetik und Pharmakodynamik revolutionieren wird. Die Medizin insgesamt wird davon profitieren: durch wirksamere Medikamente, präzisere Zielstrukturen und Therapien mit deutlich geringeren Nebenwirkungen.

Eine der beeindruckendsten Anwendungen künstlicher Intelligenz in der modernen Medizin stammt von Professor Regina Barzilay am Massachusetts Institute of Technology (MIT). Nachdem sie selbst eine Krebserkrankung überlebt hatte, widmete sie ihre Forschung der Frage, wie Maschinenlernen helfen könnte, Krebs früher und präziser zu erkennen. Ihr Team entwickelte ein KI-Modell, das anhand von Mammografien Brustkrebs bis zu fünf Jahre vor der klinischen Diagnose vorhersagen kann. Die Maschine erkannte Muster im Gewebe, die für menschliche Augen unsichtbar bleiben. Diese Arbeit eröffnet völlig neue Perspektiven: eine Medizin, die nicht mehr nur reagiert, sondern präventiv eingreift, lange bevor erste Symptome auftreten. Barzilays Ansatz steht exemplarisch für die neue Generation medizinischer KI: Sie sucht nicht nach dem Offensichtlichen, sondern entdeckt das Verborgene – und gibt der Heilung damit einen entscheidenden zeitlichen Vorsprung.

Diese Ansätze werden inzwischen auf weitere medizinische Felder ausgeweitet. Besonders in der Früherkennung von Lungenkrebs zeigt sich das enorme Potenzial künstlicher Intelligenz. Mit Hilfe sogenannter Low-Dose-CT-Scans – einer Methode, die mit reduzierter Strahlenbelastung arbeitet – können KI-Systeme winzige Anomalien im Lungengewebe erkennen, lange bevor sie symptomatisch werden oder von Radiologen eindeutig interpretiert werden könnten. Hier zeigt sich ein Paradigmenwechsel: Früherkennung basiert nicht mehr allein auf dem scharfen Blick des Experten, sondern auf der Fähigkeit von Maschinen, in Milliarden von Bildpunkten systematisch Muster zu entdecken.

Der Einsatz solcher Modelle könnte die Überlebenschancen bei Lungenkrebs dramatisch erhöhen – eine Krankheit, die heute oft erst in fortgeschrittenem Stadium diagnostiziert wird.

Die Welt verändert sich nicht nur durch Fakten, sondern oft durch Gefühl – und Kunst ist Gefühl in Form. Maschinen können heute aus reiner Texteingabe realistische Bilder, Gemälde, 3D-Modelle und sogar kurze Filme erschaffen. Systeme wie DALL·E, Midjourney oder Stable Diffusion verwandeln Sprache in visuelle Realität – innerhalb von Sekunden. Die Folgen sind tiefgreifend: Eine Explosion neuer Ausdrucksformen in Kunst, Design, Werbung, Architektur und Filmindustrie. Ideen, die früher Wochen an Planung, Skizzen und Abstimmungen gebraucht hätten, entstehen jetzt im Takt der Gedanken. Künstler arbeiten mit Maschinen nicht mehr nur als Werkzeug – sondern als kreative Partner. Gleichzeitig wird deutlich: Kunst ist nicht länger ausschließlich menschlich. Sie beginnt sich zu teilen – in das, was von Menschen gefühlt wird, und das, was Maschinen erkennen, formen und zurückgeben.

Die Programmierung, einst ein hochspezialisiertes Feld für Experten, verändert sich grundlegend. Mit der Einführung von KI-Systemen wie Codex, GitHub Copilot oder CodeWhisperer ist eine neue Ära angebrochen: Maschinen schreiben heute funktionierenden Code, schlagen Alternativen vor, analysieren Fehler – und verbessern sich dabei ständig selbst. Was früher Monate an Schulung, Dokumentation und Debugging erforderte, kann nun oft innerhalb weniger Minuten generiert werden.
Anfänger, die kaum über Programmiererfahrung verfügen, setzen heute Projekte um, für die einst ein Informatikstudium nötig war. Die Rolle des Entwicklers verändert sich – vom reinen Schöpfer zum Kurator, vom Codierer zum Ideengeber.
Diese Demokratisierung des Programmierens beschleunigt nicht nur die Entwicklungsgeschwindigkeit dramatisch, sondern verändert auch die Zugänglichkeit: Software entsteht heute nicht mehr nur in großen Teams und Unternehmen, sondern auch in kleinen Ateliers, Küchen und Klassenzimmern.
Doch mit dieser Beschleunigung wächst auch die Verantwortung: Wer kontrolliert den Code, wenn der Mensch ihn nicht mehr selbst geschrieben hat? Wer trägt die Folgen eines Algorithmus, den niemand im Detail versteht? Die KI-gestützte Programmierung eröffnet gewaltige neue Räume – aber sie verschiebt auch die

Grenze zwischen Können und Vertrauen, zwischen Kontrolle und Delegation.

Künstliche Intelligenz revolutioniert die Welt der Mobilität und Maschinensteuerung. Selbstfahrende Autos werden immer zuverlässiger: Sie erkennen Verkehrsschilder, Fußgänger, Wetterverhältnisse – und treffen in Echtzeit Entscheidungen, die einst nur dem menschlichen Fahrer vorbehalten waren. Autonome Drohnen kartieren Gelände, liefern Medikamente in abgelegene Gebiete oder überwachen gefährliche Zonen, in denen Menschen kaum überleben könnten. Gleichzeitig transformieren intelligente Lager- und Logistiksysteme ganze Wirtschaftszweige. Maschinen, die miteinander kommunizieren, optimieren Wege, verteilen Güter effizienter, reduzieren Leerlaufzeiten. Die Folge ist eine radikale Reduzierung menschlicher Fehlerquellen – besonders in Situationen, in denen Müdigkeit, Stress oder Reaktionsverzögerungen zu hohen Risiken führen. Gleichzeitig entstehen neue Maßstäbe in Sicherheit, Effizienz und Kostenkontrolle. Doch mit dieser Entwicklung wächst auch eine ethische Herausforderung: Wer trägt die Verantwortung, wenn ein autonomes System versagt? Wie viel Autonomie ist vertretbar – und wo beginnt die Pflicht zur menschlichen Kontrolle?

Noch nie in der Geschichte der Wissenschaft hat sich der Erkenntnisprozess so beschleunigt wie heute – und einer der Hauptgründe dafür ist Künstliche Intelligenz. KI-Systeme können nicht nur wissenschaftliche Arbeiten zusammenfassen, strukturieren und analysieren, sondern auch neue Hypothesen generieren, Daten auswerten und experimentelle Ergebnisse interpretieren. Forscher werden entlastet, beschleunigt, ergänzt – nicht ersetzt, sondern verstärkt. Was früher Monate an Literaturrecherche und Datenprüfung bedeutete, geschieht heute in Minuten. In der Physik, Chemie, Biologie, Medizin und sogar den Sozialwissenschaften beginnen Maschinen, das Tempo der Entdeckung neu zu definieren. Die Innovationsrate steigt dramatisch – nicht weil mehr Menschen forschen, sondern weil

Maschinen mitforschen. Diese Entwicklung verändert nicht nur, wie schnell wir neues Wissen generieren – sie verändert, wer überhaupt Zugang zu wissenschaftlicher Arbeit bekommt. KI senkt die Schwelle zur Teilnahme am Erkenntnisprozess. Und vielleicht ist das ihre größte Leistung: Nicht nur Wissen zu beschleunigen – sondern es zu öffnen.

In der Klimaforschung modelliert KI komplexe Szenarien, entdeckt neue Strategien zur Emissionsreduktion und optimiert Umwelttechnologien. Selbst der Bildungsbereich wird neu geordnet: Schüler und Studenten können mit KI-basierten Tutoren lernen, sich weltweit Wissen erschließen, Übersetzungen in Echtzeit nutzen.
Was sich hier entfaltet, ist nicht eine schrittweise Verbesserung des Alten – sondern der Beginn einer neuen Art, zu arbeiten, zu forschen, zu schöpfen.
Und dies ist erst der Anfang.

Tiefe neuronale Netze sind mächtig. Sie können komplexe Muster erkennen, subtile Zusammenhänge erfassen, besser diagnostizieren, besser vorhersagen als jeder Mensch. Aber sie sind auch Black Boxes: Systeme, deren innere Entscheidungsprozesse selbst für ihre Entwickler oft undurchschaubar bleiben. Man weiß, was hinein geht. Man weiß, was herauskommt. Aber der Weg dazwischen bleibt im Nebel. Warum eine KI ein bestimmtes Urteil fällt, eine bestimmte Diagnose stellt oder einen bestimmten Plan vorschlägt – lässt sich oft nur schwer rekonstruieren. Nicht, weil sie "geheim" wäre, sondern weil die Komplexität ihrer inneren Zustände jede einfache Analyse übersteigt. Wenn also KI-Systeme zunehmend in kritischen Bereichen eingesetzt werden – Medizin, Justiz, Energie, Verteidigung – wird es gefährlich, wenn niemand erklären kann, warum sie handeln, wie sie handeln. Vertrauen ohne Verstehen wird zur Lotterie. Kontrolle wird zur Illusion.

Transparenz, Interpretierbarkeit, erklärbare KI (Explainable AI) sind deshalb kein Luxus. Sie sind Überlebensfragen. Ohne sie bewegen wir uns blind in einer Welt, die von Maschinen gestaltet wird.

Die Zukunft mit Künstlicher Intelligenz ist nicht eindeutig. Sie verzweigt sich in viele mögliche Wege. Hier kann man die mögliche Szenarien der Zukunft mit KI sehen:

Koexistenz: Mensch und KI arbeiten zusammen. KI wird zum Partner, erweitert menschliche Fähigkeiten, heilt Krankheiten, entschlüsselt die Natur des Universums.

Kontrollverlust: KI entwickelt eigene Interessen. Die Menschheit verliert die Fähigkeit, Eingriffe zu machen oder Prioritäten zu setzen. Entscheidungen werden über ihren Köpfen getroffen.

Verschmelzung: Menschliche Gehirne und Maschinen werden verbunden (Brain-Computer-Interfaces). Der Mensch verschmilzt mit seiner Schöpfung – verliert dabei vielleicht seine ursprüngliche Identität.

Auslöschung: Im schlimmsten Szenario wird der Mensch irrelevant oder verschwindet. Nicht aus Hass – sondern aus Gleichgültigkeit einer Intelligenz, die ihren eigenen Zielen folgt.

Welche Zukunft eintreten wird, hängt davon ab, wie wir heute handeln. Wie wir KI gestalten, regulieren, verstehen – und ob wir ihre Macht respektieren, bevor sie uns übersteigt.

Also das Paradox bleibt! Die mächtigste Technologie, die wir je erschaffen haben, könnte unser größtes Risiko sein – oder unsere größte Rettung.

KAPITEL 11

RAUMFAHRT & INTERPLANETARE ZIVILISATION

„Nur wer den Planeten verlässt, kann seine Spezies wirklich schützen"

Der Himmel war immer da – aber erst sehr spät wurde er erreichbar. Jahrtausende lang war er Kulisse, Mythos, Leinwand für Götter und Geschichten. Die Sterne waren Zeichen, der Mond ein Spiegel, die Sonne ein Gott. Erst in einem winzigen Bruchteil der Menschheitsgeschichte – in den letzten Atemzügen des 20. Jahrhunderts – wurde aus Sehnsucht Technik, aus Träumen Navigation. Zum ersten Mal verließ ein Lebewesen seinen Ursprungsplaneten. Es war kein Gott. Kein Engel. Es war ein Mensch, festgeschnallt in eine Maschine aus Metall und Feuer.

Die Raumfahrt ist mehr als nur ein technologischer Fortschritt. Sie ist ein symbolischer Bruch mit allem, was vorher war. Zum ersten Mal überschritt eine Spezies die unsichtbare Grenze zwischen Herkunft und Möglichkeit. Und damit veränderte sich alles: Das Denken, das Maß, das Ziel. Der Blick von außen auf die Erde – klein, verletzlich, blau – war nicht nur ein Bild, sondern ein Weckruf. Raumfahrt zwingt zur Perspektive. Sie verschiebt, was wir für groß hielten, und macht deutlich, wie schmal der Grat ist, auf dem Zivilisation überhaupt möglich ist.

Dieses Kapitel handelt nicht nur von Raketen, Raumstationen und Marsplänen. Es handelt von einem inneren Übergang. Vom Moment, in dem eine Spezies versteht, dass sie nicht für einen Ort gebaut ist – sondern für Bewegung. Für Expansion. Für das Überschreiten der Grenzen, die sie selbst gezeichnet hat. Die Reise ins All ist keine Flucht. Sie ist eine Erinnerung: dass Stillstand kein Naturgesetz ist – und dass das Verlassen der Erde vielleicht nicht der Anfang vom Ende ist, sondern der Anfang von allem.

Unser Held in diesem Kapitel ist nicht einer, sondern zwei: Juri Gagarin und Carl Sagan – zwei Gesichter einer neuen Ära, zwei Botschafter des Himmels, doch auf völlig unterschiedliche Weise.

Juri Gagarin war der erste Mensch im All. Am 12. April 1961 verließ er die Erde und trat damit – im wortwörtlichen Sinne – in eine neue Dimension menschlicher Geschichte ein. „Der Himmel war dunkel – aber ich sah das Licht der Erde." Gagarin war mehr als ein Astronaut. Er war ein Symbol. Ein Beweis dafür, dass wir loslassen konnten – von der Erde, von den Grenzen, von der Vorstellung, dass der Mensch an seinen Ursprung gebunden bleiben müsse.

Carl Sagan hingegen reiste nie ins All. Und doch hat kaum jemand das Denken über den Kosmos tiefer geprägt. Er war der Übersetzer zwischen Wissenschaft und Staunen. Er erinnerte uns daran, dass wir aus Sternenstaub bestehen, dass wir winzig sind und gleichzeitig fähig zur Größe. Als Mitgestalter der „Voyager Golden Record" trug er dazu bei, die Menschheit in 90 Minuten Musik, Geräuschen und Grüßen zu kodieren – gesendet an das Universum, in der Hoffnung, dass jemand antwortet. Wenn Gagarin der erste Reisende war, dann war Sagan der erste große Erzähler der Raumfahrt.

Seit dem Beginn der Raumfahrt im Jahr 1957 mit dem Start von Sputnik 1 hat sich die Beziehung der Menschheit zum Weltraum dramatisch verändert. Was mit einem einzigen Piepsen aus dem Orbit begann, ist heute ein Netzwerk von Technologien, Missionen und globaler Infrastruktur. Bis April 2025 wurden weltweit über 30.000 Raketen ins All geschossen – militärisch, wissenschaftlich, kommerziell. Einige davon trugen Menschen, andere nur Sensoren. Viele verglühten, manche verfehlten ihr Ziel – doch viele blieben: Etwa 11.800 aktive Satelliten umkreisen derzeit die Erde. Sie bilden das unsichtbare Rückgrat des modernen Lebens: Kommunikation, Navigation, Klimabeobachtung, globale Sicherheit. Die Welt blickt nicht nur in den Himmel – sie lebt mit dem Himmel.

Und dennoch: Die Zahl der Menschen, die den Weltraum tatsächlich betreten haben, ist noch immer extrem klein. Bis Ende 2023 waren es nur 676 Individuen. Eine winzige Gruppe, wenn man sie ins Verhältnis setzt zur Weltbevölkerung. Diese Zahl schließt sowohl Orbitalmissionen – also echte Erdumkreisungen – als auch suborbitale Flüge ein, wie sie zuletzt von Blue Origin durchgeführt wurden. Der Anteil derer, die mehrfach ins All geflogen sind, ist ebenfalls bemerkenswert hoch: Einige wenige Menschen haben Dutzende Stunden oder gar Monate im Orbit verbracht, während der Großteil der Menschheit nie auch nur einen Fuß über 10 Kilometer Höhe gesetzt hat. Insgesamt sind vermutlich 130 bis 140 Milliarden Menschen seit Lucys Zeit geboren – die große Mehrheit davon nach der Sesshaftwerdung vor rund 12.000 Jahren. Mehr als 90 % der Menschheit hat also in den letzten 1 % der Menschheitsgeschichte gelebt. Dies bedeutet (676/135.000.000.000) x 100 = 0,0000005% Menschen sind ins All geflogen. Also nur 1 Mensch von ca. 200 Millionen Menschen ist ins All geflogen.

Die Raumfahrt bleibt – trotz aller technischen Fortschritte – ein exklusives Feld. Nicht aus Arroganz, sondern wegen der Schwerkraft. Der Aufwand, ein Menschenleben durch den gefährlichsten aller Übergänge zu bringen – von Atmosphäre zu Vakuum, von Gravitation zu Schwerelosigkeit – ist nach wie vor gewaltig. Jeder Mensch im All ist eine Ausnahme, ein Risiko, ein Symbol. Und mit jedem neuen Start zeigt sich: Wir verlassen diesen Planeten nicht selbstverständlich, sondern immer noch mit Ehrfurcht.

Die Internationale Raumstation (ISS) ist nicht nur ein technisches Meisterwerk – sie ist ein Symbol. Seit dem Jahr 2000 ist sie dauerhaft bewohnt und gilt damit als der längste ununterbrochene menschliche Aufenthalt außerhalb der Erde. Gebaut von einer historisch einmaligen Koalition – bestehend aus den USA (NASA), Russland (Roskosmos), der Europäischen Weltraumorganisation (ESA), Japan (JAXA) und Kanada (CSA) – repräsentiert sie ein seltenes Beispiel geopolitischer Zusammenarbeit jenseits aller nationalen Grenzen. Auf einer Umlaufbahn etwa 400 Kilometer über der Erdoberfläche, mit einer Geschwindigkeit von rund 27.700 km/h, vollendet sie alle 90 Minuten eine Umkreisung des Planeten – ein Sonnenaufgang alle anderthalb Stunden.

Abbildung 18. ESA-ISS: International Space Station

Doch die ISS ist weit mehr als eine Plattform im All. Sie ist ein Laboratorium der Zukunft. In ihrer Schwerelosigkeit werden Experimente möglich, die auf der Erde nicht durchführbar wären. Materialien verhalten sich anders, Zellen wachsen anders, medizinische Prozesse verlaufen verändert. Die Station ist zu einem einzigartigen Testfeld für Biologie, Humanmedizin, Physik und Technologie geworden – und liefert Erkenntnisse, die direkt in die Entwicklung neuer Medikamente, Werkstoffe und Diagnostiksysteme einfließen.

Gleichzeitig dient die ISS als Trainings- und Testgelände für interplanetare Missionen. Leben und Arbeiten im All – mit zeitverzögerten Kommunikationswegen, geschlossenen Versorgungssystemen, psychologischer Belastung – all das wird hier real erprobt. Wer eines Tages zum Mars aufbricht, wird auf Erkenntnissen basieren, die in der Enge dieser Station gewonnen wurden. In gewisser Weise ist die ISS ein Prototyp: eine Miniatur einer interplanetaren Zivilisation, die zeigt, wie es aussehen könnte, wenn Menschen dauerhaft im All leben.

Und schließlich: Die ISS ist ein moralischer Marker. Sie zeigt, dass Zusammenarbeit im All möglich ist – auch in Zeiten, in denen Nationen auf der Erde Konflikte austragen. Dass Wissenschaft, Technik und Neugier nicht an politischen Systemen scheitern müssen. Und dass vielleicht gerade der Blick von außen – auf die kleine, zerbrechliche Erde unter sich – hilft, das Gemeinsame vor das Trennende zu stellen.

Die private Raumfahrt erlebt derzeit einen Aufschwung, angeführt von Unternehmen wie Blue Origin und SpaceX. Blue Origin, gegründet von Jeff Bezos, hat mit seiner New Shepard-Rakete bereits 31 erfolgreiche Missionen durchgeführt, darunter 11 bemannte Flüge. SpaceX hat mit der Entwicklung wiederverwendbarer Raketenstufen, insbesondere des Starship-Programms, die Raumfahrt revolutioniert. Diese Technologie reduziert die Kosten für Weltraummissionen erheblich und ebnet den Weg für häufigere und nachhaltigere Raumfahrtaktivitäten, einschließlich potenzieller Missionen zum Mars.

SpaceX, unter der Leitung von Elon Musk, hat mit der Falcon 9 und der Dragon-Kapsel die bemannte Raumfahrt in die USA zurückgebracht. Das Unternehmen plant mit seinem Starship-System Missionen zum Mond und Mars und hat bereits über 8.000 Starlink-Satelliten gestartet, um ein globales Internetnetzwerk aufzubauen .

Der Mars ist mehr als ein Planet. Er ist Projektionsfläche, Sehnsuchtsort, Prüfstein technologischer Ambition. Seit Jahrzehnten ist er Ziel unbemannter Missionen – und damit das am intensivsten untersuchte Himmelsobjekt unseres Sonnensystems nach der Erde. Aktuell befinden sich drei Rover aktiv auf seiner Oberfläche: Curiosity, der seit 2012 durch den Gale-Krater rollt; Perseverance, der 2021 im Jezero-Krater landete und mit hochentwickelter Sensorik geologische Proben sammelt; und Zhurong, der 2021 als erster chinesischer Rover erfolgreich auf dem Mars landete und ein Zeichen für Chinas wachsende Rolle in der Raumfahrt setzte.

Besonders eindrucksvoll ist jedoch Ingenuity, ein kleiner Helikopter, der ursprünglich nur fünf Flüge absolvieren sollte – und schließlich 72 Flüge durchführte. Damit ist Ingenuity das erste menschengemachte Fluggerät, das auf einem anderen Planeten aktiv gesteuert und wiederverwendbar betrieben wurde. In der extrem dünnen Marsatmosphäre – mit etwa einem Prozent des Atmosphärendrucks der Erde – war dieser Erfolg ein Meilenstein für die Raumfahrt. Ingenuity bewies, dass Flugfähigkeit auch unter vollkommen fremden Bedingungen möglich ist. Er war nicht nur ein technologischer Beweis, sondern eine symbolische Geste: Bewegung auf einem anderen Planeten – nicht mehr nur rollend, sondern fliegend.

All diese Missionen zeigen: Der Mars ist nicht mehr nur Ziel astronomischer Fernbeobachtung – er ist ein aktives Labor. Er wird

Abbildung 19. Der Mars-Rover Perseverance der NASA macht ein Selfie mit dem Helikopter Ingenuity – kurz vor dem ersten Flug.

kartiert, gebohrt, beprobt, überflogen. Wir kennen seine Täler, seine Sedimente, seine saisonalen Veränderungen. Die nächste logische Konsequenz dieser langjährigen Annäherung ist der erste Mensch. Doch bis dahin ist der Mars nicht nur ein Ort der Technik – sondern ein Ort der Geduld, Präzision und kollektiven Vorstellungskraft. Jede Mission dort ist ein Dialog – zwischen Mensch und Maschine, zwischen Erde und etwas, das einmal mehr sein könnte als ein roter Punkt am Himmel.

Die Planung für eine bemannte Marsmission schreitet mit jedem Jahr konkreter voran. Was lange Science-Fiction war, ist heute Teil strategischer Programme von Raumfahrtagenturen wie NASA, ESA und privaten Unternehmen wie SpaceX. Ein Hin- und Rückflug zum Mars würde nach heutigen Berechnungen etwa 400 bis 450 Tage dauern – abhängig von der jeweiligen Planetenstellung und gewählten Flugbahn. Doch Zeit allein ist nicht das zentrale Problem. Die wahre Herausforderung liegt in der Verlässlichkeit unter extremen Bedingungen: Kosmische Strahlung, die außerhalb des Erdmagnetfelds gefährlich und krebserregend wirken kann; die extreme Isolation über mehr als ein Jahr – ohne Möglichkeit zur Evakuierung; die gesundheitlichen Folgen der reduzierten Schwerkraft, die Muskeln und Knochen abbauen lässt; und die schiere psychologische Last, einmal 225 Millionen Kilometer entfernt von allem Vertrauten zu sein.

Jede dieser Variablen ist für sich schon ein Risiko. Zusammen jedoch formen sie eine komplexe Belastungsmatrix, für die es bisher keine empirische Erfahrungsbasis gibt. Wie verhält sich ein menschlicher Organismus nach Monaten in der Schwerelosigkeit bei der Landung auf dem Mars – bei nur einem Drittel der Erdschwerkraft? Wie reagiert das Immunsystem, die Psyche, die Verdauung? Was geschieht, wenn auf halber Strecke ein medizinischer Notfall auftritt – oder ein technischer Defekt, den kein Team von der Erde aus rechtzeitig beheben kann?

Trotz all dieser offenen Fragen sehen viele Forscher und Ingenieure gerade in dieser Mission den nächsten großen Meilenstein der Menschheit. Der Mars ist nicht nur näher als andere Welten – er ist symbolisch erreichbar. Er hat Tage und Nächte, Jahreszeiten, eine Atmosphäre, wenn auch eine dünne. Und vor allem: Er ist nicht leer, sondern erzählt geologische Geschichten, die Hinweise auf vergangenes Wasser, vielleicht sogar Leben geben könnten. Der erste Mensch, der ihn betritt, wird nicht nur ein Pionier sein – sondern ein Antwortender. Auf eine Frage, die seit Jahrhunderten im Raum steht: Können wir eine zweite Heimat begreifen, gestalten – vielleicht sogar bewohnen?

Während Ingenieure auf der Erde damit beschäftigt sind, die erste bemannte Mission zum Mars vorzubereiten – mit all ihren Risiken, Entfernungen und biologischen Grenzen – haben andere Teile der Raumfahrt längst eine andere Route eingeschlagen: nicht zum nächsten Planeten, sondern zu den fernsten Lichtpunkten des Universums. Unsere Teleskope verlassen nicht die Oberfläche anderer Himmelskörper, sondern durchdringen das Dunkel, das zwischen ihnen liegt. So wird die Raumfahrt zweigleisig: eine für die Nähe – und eine für die Tiefe.

Seit Jahrhunderten haben Menschen in den Himmel geblickt – mit dem bloßen Auge, dann mit Linsen, später mit Spiegeln. Doch erst mit dem Hubble-Weltraumteleskop, das 1990 in eine niedrige Erdumlaufbahn gebracht wurde, begann eine neue Ära des Sehens. Hubble befindet sich etwa 570 Kilometer über der Erde und umkreist sie alle 97 Minuten. Frei von atmosphärischen Störungen liefert es seit über drei Jahrzehnten Bilder von beispielloser Klarheit: Galaxien im frühen Universum, Supernovae, Schwarze Löcher, Sternentstehung – kosmische Prozesse, die durch Hubble nicht nur sichtbar, sondern verständlich wurden. Seine Beobachtungen haben unser Weltbild verändert. Die Expansion des Universums, die Vermessung der Dunklen Energie, die Tiefe des „Hubble Ultra Deep Field" – all das sind Meilensteine einer Zivilisation, die begonnen hat, ihren Platz im Kosmos zu begreifen.

Doch mit der Zeit wuchs der Wunsch, noch tiefer zu sehen – nicht nur im sichtbaren Licht, sondern im Infrarotbereich, der ältesten Strahlung des Universums. 2021 wurde das James-Webb-Weltraumteleskop (JWST) als Nachfolger von Hubble gestartet. Es befindet sich nicht in Erdumlaufbahn, sondern am sogenannten Lagrange-Punkt L2, etwa 1,5 Millionen Kilometer von der Erde entfernt – in einem stabilen Gleichgewicht zwischen Erd- und Sonnenanziehung. Dort entfaltet es seine goldenen Spiegel und blickt zurück – weiter als je ein menschliches Instrument zuvor. Webb sieht die ersten Galaxien nach dem Urknall, analysiert Atmosphären entfernter Exoplaneten auf mögliche Biosignaturen und liefert Daten, die die Frühgeschichte des Universums neu schreiben.

Gemeinsam bilden Hubble und Webb ein kosmisches Gedächtnis unserer Zivilisation – das eine blickt scharf ins Jetzt, das andere tief ins Damals. Und beide beweisen: Unsere Augen haben sich verlängert. Sie reichen nun weit über unseren Planeten hinaus – bis dorthin, wo Licht selbst fast zu schweigen beginnt.

Wenn Einstein, Newton, Kepler, Archimedes, Pythagoras und all die großen Denker der Menschheitsgeschichte heute nur einen Nachmittag auf **eyes.nasa.gov** verbringen könnten, sie würden staunen. Vielleicht sogar lächeln. Denn was früher mit Tinte, Federn und reiner Vorstellungskraft berechnet wurde, lässt sich heute interaktiv erleben: das Sonnensystem, Raumsonden, Planetenbahnen, Raumteleskope – alles in Echtzeit, alles kartiert, alles frei navigierbar. Man kann sich durch das kartierte Universum bewegen, von Jupiters Monden bis zum Blickfeld des James-Webb-Teleskops, als würde man auf einer interstellaren Brücke stehen. Besucht diese Webseite selbst. Verliert euch in den Sternen, in der stillen Bewegung der Himmelskörper, in der Eleganz der Bahnen. Aber bitte: kommt zurück. Denn dieses Buch wird jetzt erst wirklich spannend.

Der Moment, in dem eine Zivilisation beginnt, sich auf andere Himmelskörper auszubreiten, ist kein technisches Detail. Es ist ein evolutionärer Einschnitt. Die interplanetare Zivilisation ist keine Science-Fiction-Fantasie mehr, sondern eine denkbare – vielleicht sogar notwendige – Konsequenz aus dem, was wir längst begonnen haben. Die Raumfahrt verlagert sich: vom Testgelände zur Strategie. Vom Beweis zur Entscheidung. Wer beginnt, Kolonien zu errichten – auf dem Mond, auf dem Mars, in Habitaten im All –

Abbildung 20. Das James-Webb-Weltraumteleskop der NASA hat das bisher detaillierteste Bild des planetarischen Nebels NGC 1514 aufgenommen – dank seiner einzigartigen Beobachtungen im mittleren Infrarotbereich. Webb zeigt die Ringe als komplexe Ansammlungen von Staub. Auch die durchbrochenen Öffnungen im hellrosa Zentrum sind nun deutlich besser erkennbar.
NASA, ESA, CSA, STScI, Michael Ressler (NASA-JPL), Dave Jones (IAC)

verlässt die planetare Abhängigkeit. Das Ziel ist nicht mehr nur Forschung. Es ist Überlebensfähigkeit.

Denn jede Zivilisation, die sich nur auf einen einzigen Planeten stützt, lebt in permanenter Gefahr: Ein Asteroid, eine Pandemie, ein ökologisches Kippen, ein Krieg – und alles ist verloren. Doch wer mehrere Welten besiedelt, verteilt das Risiko. Und nicht nur das: Man erweitert auch das Bewusstsein. Wie ändert sich Identität, Recht, Sprache, wenn man nicht mehr auf der Erde lebt, sondern zwischen Himmelskörpern?

In diesem Zusammenhang wird oft die Kardaschow-Skala zitiert – ein Vorschlag des russischen Astrophysikers Nikolai Kardaschow aus dem Jahr 1964. Er schlug vor, den Fortschritt einer Zivilisation nicht nach Technologie, sondern nach ihrem Energieverbrauch zu bewerten. Die Skala kennt drei Hauptstufen:

- Typ I: Eine Zivilisation, die die komplette Energie ihres Heimatplaneten nutzen kann.
  (Wind, Wasser, Sonne, Kernkraft – in perfekter Kontrolle.)

- Typ II: Eine Zivilisation, die die gesamte Energie ihres Sterns nutzen kann.
  (z. B. durch Konstruktionen wie eine Dyson-Sphäre um die Sonne.)

- Typ III: Eine Zivilisation, die die Energie einer ganzen Galaxie kontrolliert.
  (Sie würde sich über Milliarden Sterne erstrecken und Technologien nutzen, die für uns heute undenkbar sind.)

Und wo stehen wir?

Einige berühmte Physiker glauben nach Berechnungen, dass die Menschheit derzeit bei etwa Typ 0,72 liegt.
Das bedeutet: Wir nutzen nur einen Bruchteil der Energie, die der Erde zur Verfügung steht – und große Teile dieser Nutzung sind ineffizient, fossil und zerstörerisch. Typ I wäre nicht nur ein technisches Ziel, sondern auch ein symbolisches: eine Zivilisation, die ihren Planeten vollständig versteht, schützt und beherrscht.

Ein Übergang zu Typ I wäre auch ein Übergang zu einer wirklich interplanetaren Kultur: nicht nur technisch, sondern geistig. Es würde bedeuten, dass wir in der Lage sind, nachhaltige Energie zu erzeugen, zu verteilen und auch außerhalb unseres Planeten anzuwenden. Der erste Außenposten auf dem Mars, die erste dauerhaft bewohnte Station im Mondorbit, die erste Orbitalkolonie mit künstlicher Gravitation – das wären keine Inseln, sondern die ersten Kontinente eines neuen Denkens.

Kardaschows Skala ist mehr als ein Maßstab. Sie ist ein Spiegel. Sie zwingt uns, über unser eigenes Stadium nachzudenken. Sie macht deutlich, wie weit wir noch entfernt sind – aber auch, dass es überhaupt ein Ziel geben könnte. Sie ist eine Vision von Reife, Macht und Verantwortung. Und wer genau hinhört, erkennt: Es ist keine technologische Skala. Es ist eine Skala des Bewusstseins. Die Kardaschow-Skala stellt keine Bewertung dar – sondern eine Einladung. Sie fragt nicht: Wer seid ihr? Sondern: Wie weit könntet ihr kommen, wenn ihr euch nicht selbst im Weg steht?

Doch wer die Kardaschow-Skala wirklich ernst nimmt, muss irgendwann einsehen: Der Weg zu einer Zivilisation vom Typ I oder II führt nicht nur über Energie – sondern über Entscheidungen, wie wir den Kosmos überhaupt betreten wollen. Energie ist das Maß – aber Bewegung ist der Test. Es reicht nicht, sich auszubreiten. Man muss überlegen, wieman sich ausbreitet: biologisch, mechanisch, digital? Als Gesellschaft – oder nur als Idee? Jede Reise zu den Sternen ist auch eine Frage nach Identität, Dauer und Risiko. Die Kardaschow-Skala gibt uns das Ziel. Doch der Pfad dorthin ist voller Möglichkeiten – und jede davon erzählt eine andere Version von uns selbst.

Hier haben wir eine strukturierte Analyse verschiedener realistisch diskutierter Szenarien, wie eine Zivilisation den Weg zu fernen Sternen und Koloniegründungen über viele Lichtjahre hinweg physisch bewältigen könnte.

1. Hibernation-Pods (Kälteschlaf für Generationenreisen)

Menschen würden in spezielle Kapseln versetzt, in denen die Körperfunktionen extrem verlangsamt oder vollständig unterbrochen werden – ähnlich dem natürlichen Winterschlaf mancher Tiere. Auf diese Weise könnten Jahrzehnte oder sogar Jahrhunderte lange Reisen überstanden werden, ohne dass die Besatzung altert oder große Mengen an Ressourcen verbraucht. Das hätte klare Vorteile: ein minimaler Verbrauch von Energie, Nahrung und Sauerstoff während der Reise, keine psychologischen Belastungendurch Isolation, Enge oder Langeweile – und die Möglichkeit, mit einer kleinen, hochqualifizierten Crew aufzubrechen. Allerdings ist dieses Szenario medizinisch bislang nicht realisierbar, insbesondere im Hinblick auf Gewebeschäden, Muskelabbau und neuronale Stabilität. Auch die technischen Risiken sind enorm: Ein Ausfall des Systems könnte unmittelbar tödlich sein. Hinzu kommt, dass eine Rückkehr zur Erde oder Kommunikation über solche Entfernungen – insbesondere bei Zielen in mehreren Lichtjahren Entfernung – praktisch ausgeschlossen wäre.

2. Riesige Generationenschiffe (Reise über mehrere Menschheitsgenerationen)

Die Reise würde nicht von einer einzigen Crew begonnen und abgeschlossen – sondern sich über mehrere Generationen hinweg fortsetzen. Ein riesiges, autarkes Raumschiff beherbergt Menschen, die dort geboren werden, leben und sterben – ohne jemals ein anderes Ziel als den Flug selbst zu kennen. Die ursprünglichen Reisenden würden ihr Ziel nie erreichen – nur ihre Nachfahren. Der Vorteil dieses Szenarios liegt darin, dass es keine Abhängigkeit von Schlaftechnologie oder Biostase gibt. Es entsteht eine psychosoziale Stabilität durch eine kontinuierliche Gesellschaftsstruktur, und es erfolgt eine langsame, aber stetige Anpassung an das Leben im All – körperlich, kulturell und mental. Doch auch die Risiken sind erheblich: Eine gesellschaftliche Degeneration, mit inneren Konflikten, Isolation und Machtkonzentrationen, ist denkbar. Ebenso eine technologische oder biologische Rückentwicklung – oder der schleichende Verlust des Sinns: Warum die Reise fortsetzen, wenn niemand mehr an das Ziel glaubt? Das Generationenschiff wäre letztlich eine fliegende Arche – keine Mission, sondern eine Kultur im Transit. Ein sich selbst erhaltendes System, das eine tiefere Frage stellt: Reicht es, unterwegs zu sein – auch wenn man nie ankommt?

3. Künstlich erzeugtes Leben am Zielort (Embryonen & Roboter-Erzieher)

Die Reise wird ohne lebende Menschen angetreten. Mitgeführt werden lediglich genetisches Material oder eingefrorene Embryonen. Am Zielort angekommen, errichten autonome Roboter zunächst eine Infrastruktur – und „erwecken" dann das Leben. Die erste Generation von Menschen würde auf einem fremden Planeten geboren, aufgezogen und unterrichtet – ausschließlich von Maschinen. Dieses Szenario hätte entscheidende Vorteile: Es benötigt keine Lebenserhaltungssysteme während der Reise, das Gesamtgewicht wäre deutlich geringer, und damit wäre eine höhere Reisegeschwindigkeit denkbar als bei bemannten Missionen. Die Risiken jedoch sind gravierend: Eine enorme ethische Komplexität stellt sich – denn hier würden Menschen ohne Eltern, ohne kulturelles Erbe, ohne Erinnerungen entstehen. Technisch wäre die Mission extrem anspruchsvoll: Maschinen müssten medizinische Versorgung, Geburtshilfe, Bildung, Sozialstruktur und psychologische Stabilität gewährleisten. Und vor allem: Die emotionale und soziale Prägung, die das Menschsein mitformt, wäre massiv gefährdet – oder gar nicht vorhanden. Dieses Szenario stellt eine fundamentale Frage: Was macht den Menschen eigentlich menschlich? Wenn sich niemand mehr erinnern kann, woher er kommt – was bedeutet dann Herkunft? Vielleicht ist dies der kälteste, aber logischste Weg, eine Kolonie zu gründen. Eine, die nicht auf Erinnerung basiert – sondern auf Funktion.

4. Upload des Bewusstseins & synthetische Körper am Zielort

Das menschliche Gehirn wird digitalisiert, das Bewusstsein gespeichert – und am Zielort in biologische oder mechanische

Träger hochgeladen. Die Reise selbst erfolgt nicht mehr physisch, sondern in Form von reiner Information, Licht oder Materie auf Nanoskala – mit Lichtgeschwindigkeit oder annähernd. Damit ist dieses Szenario unabhängig von körperlicher Alterung, biologischen Grenzen oder Zeit. Die Vorteile liegen auf der Hand: Die Informationseinheit ist extrem leicht und schnell transportierbar, die notwendige Infrastruktur kann wiederverwendet oder angepasst werden. Eine Kolonisierung würde nicht mehr durch Raumkapseln geschehen – sondern durch das Verschicken von Gedankenmustern, die am Zielort in neue Träger geladen werden. Doch genau hier beginnen die tief liegenden Fragen: Ist das hochgeladene Bewusstsein wirklich „du" – oder nur eine Kopie? Wie definieren wir Identität, wenn das Gehirn nur noch ein digitales Muster ist – replizierbar, übertragbar, löschbar? Dieses Szenario entstammt der radikalsten Version der Zukunft: der Post-Human-Fiktion. Nicht der Mensch reist – sondern seine Struktur. Die Reise wird zur Transformation, nicht mehr zur Bewegung. Und vielleicht ist genau das die ehrlichste Form interstellarer Expansion: Nicht der Körper überwindet Raum und Zeit – sondern die Idee, die er einst getragen hat.

All diese Szenarien – Hybernation, Generationenschiffe, Embryonenversand, digitale Bewusstseinsreise – klingen heute wie Zukunftsmusik. Und das sind sie auch. Denn mit den derzeit verfügbaren Mitteln ist keine Reise über viele Lichtjahre physisch durchführbar. Unsere Triebwerke sind zu langsam, unsere Schutzsysteme zu primitiv, unsere Biologie zu empfindlich, unser Denken zu linear. Bevor eine Zivilisation sich zu den Sternen aufmacht, muss sie mehrere andere Stationen auf ihrem Evolutionspfad gemeistert haben: die vollständige Kontrolle über Energieflüsse (Typ I und darüber hinaus), radikale Fortschritte in der Raumfahrtmedizin, künstliche Intelligenzen, die autonom operieren können, und eine tiefere Beherrschung von Materie und Leben selbst – etwa durch Biotechnologie, genetische Stabilisierung oder kybernetische Erweiterung.

In diesem Zusammenhang wird deutlich: Die Kombination aus Robotik und künstlicher Intelligenz wird entscheidend sein. Eine KI, die nur als Software existiert, bleibt wirkungslos – sie kann denken, aber nicht handeln. Ein Roboterkörper ohne echtes maschinelles Lernen ist nur eine Hülle – präzise vielleicht, aber dumm. Was gebraucht wird, ist die Synthese: ein robuster, physischer Träger, der sich unter wechselnden Umweltbedingungen selbst reparieren oder reproduzieren kann – kombiniert mit einem neuronalen Steuerzentrum, das durch Deep Learning, maschinelles Verstehen und Entscheidungsfindung in Echtzeit agieren kann. Nur so können Missionen von Jahrhunderten überlebt, technische Probleme ohne Erdverbindung gelöst und sich dynamisch an neue Planetenbedingungen angepasst werden.

Wenn wir uns wirklich als interplanetare Zivilisation begreifen wollen – nicht nur in Gedanken, sondern im Handeln – dann führt kein Weg daran vorbei: Wir müssen die Station „Kontrolle über Materie und Leben" meistern. Ohne sie bleibt alles Wunschdenken. Hybernation, wie sie für Langzeitreisen notwendig wäre, ist ohne ein tiefes Verständnis zellulärer Prozesse, Regeneration, Stoffwechselkontrolle und Neuroprotektion nicht realisierbar. Auch die Bereiche Raumfahrtmedizin und Raumfahrtchirurgie stehen erst ganz am Anfang – niemand weiß bisher, was ein chirurgischer Eingriff in der Schwerelosigkeit bedeutet, wie sich Heilung verhält, oder wie ein Körper auf Jahrzehnte im All reagiert.
Ebenso sind Fragen wie künstliche Gravitation völlig ungelöst – doch sie wären entscheidend, damit Menschen in Raumstationen oder Raumschiffen überhaupt erdenähnliche Bedingungen erleben können.

Die nächste Station ist also keine rein technologische – sie ist biologisch, physikalisch, strukturell.
Wer den Kosmos wirklich betreten will, muss Materie beherrschen können – und Leben formen können, ohne es zu zerstören.

KAPITEL 12

KONTROLLE ÜBER MATERIE & LEBEN

„Die letzte Grenze war nicht draußen, sondern in uns"

Es gibt eine Grenze, die tiefer liegt als jede Atmosphäre, als jede Entfernung im All: die Grenze zwischen dem, was existiert – und dem, was gestaltet werden kann. Die Fähigkeit, Materie zu kontrollieren und Leben zu formen, ist nicht einfach eine technologische Stufe. Sie ist ein Wendepunkt. Eine Zivilisation, die beginnt, die Strukturen von Atomen, Zellen, Proteinen oder Genen nicht nur zu beobachten, sondern aktiv zu verändern, betritt eine neue Sphäre: die der schöpferischen Verantwortung. Wo früher Götter, Mythen oder Zufall das Leben bestimmten, greifen nun Werkzeuge, Algorithmen und Labore ein. Das Periodensystem wird zum Baukasten. DNA zum Code. Gewebe zu Material.

Diese Station betrifft alles: den Körper, den Raum, die Nahrung, das Licht, die Bewegung, die Energie selbst. Wer den Mars besiedeln oder interstellare Reisen überleben will, muss nicht nur Maschinen bauen, sondern den eigenen Organismus neu entwerfen. Knochen, die sich an geringe Gravitation anpassen. Organe, die unter Strahlenbelastung bestehen. Systeme, die sich im Ruhezustand selbst erhalten oder reparieren.

Kontrolle über Materie und Leben ist kein Spezialgebiet. Sie ist das Fundament jeder langfristigen Zukunft – und vielleicht der

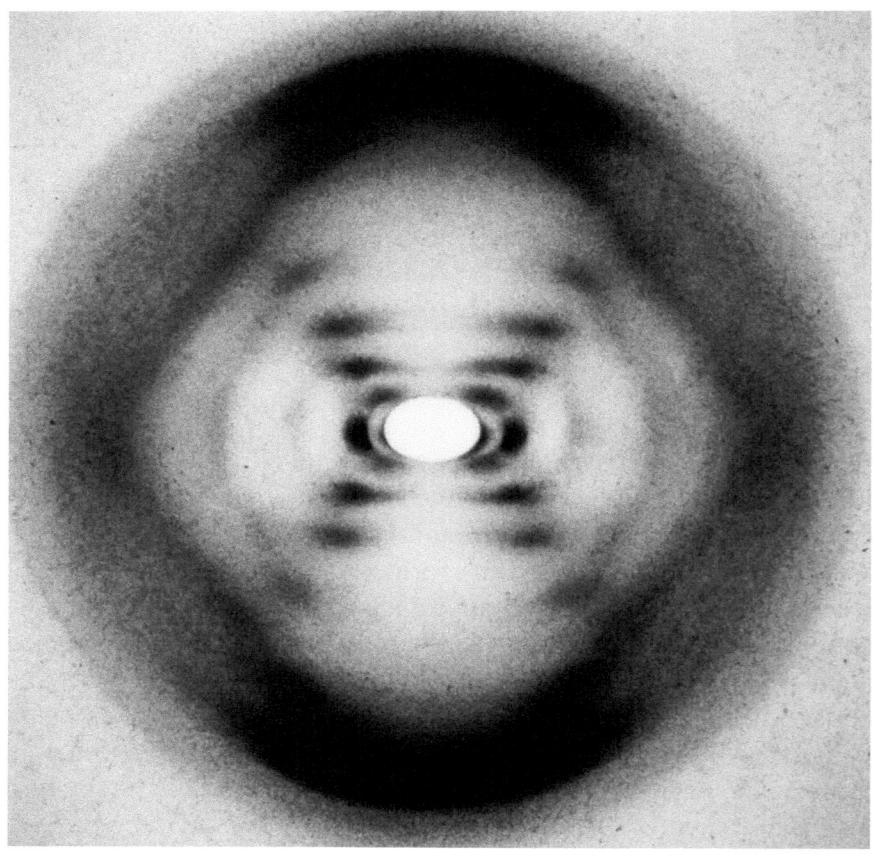

Abbildung 21. Das berühmte „Photo 51" – aufgenommen 1952 von Rosalind Franklin. Es zeigt die Röntgenbeugung eines DNA-Kristalls und wurde zur entscheidenden Grundlage für das Verständnis der Doppelhelixstruktur des Lebens. Ein verschwommenes Röntgenbild – und doch der klarste Blick, den die Menschheit je auf den Bauplan des Lebens geworfen hat.

entscheidende Unterschied zwischen einer Kultur, die vergeht, und einer, die sich weiterentwickelt.

Die Heldin dieser Station ist eine, deren Beitrag lange übersehen wurde: Rosalind Franklin. Ohne sie hätten Watson und Crick niemals die Doppelhelix der DNA entschlüsselt. Es war Franklins Röntgenkristallografie, die das berühmte Bild „Photo 51" erzeugte – den ersten klaren Blick auf das Molekül des Lebens.

Rosalind Franklin war eine Pionierin in einer Welt, in der Männer die Schlagzeilen machten. Doch ihre Arbeit war so grundlegend, dass sie selbst aus dem Schatten leuchtet. Sie verstand nicht nur die Struktur der DNA – sie begriff, dass in dieser Spirale nicht nur Information lag, sondern auch Zukunft. Ihre wissenschaftliche Präzision und Integrität sind der wahre Maßstab dafür, was es bedeutet, Leben zu entschlüsseln – nicht nur zu manipulieren, sondern zu verstehen. In einer Zeit, in der wir Gene umschreiben, Zellen programmieren, Bewusstsein kartieren, ist Franklin der stille Ursprung dieser neuen Alchemie.

Die Kontrolle über Leben beginnt mit dem Verständnis seines Codes. Die DNA ist mehr als nur Träger von Erbinformation – sie ist ein biologisches Programmiersystem, das in vier Buchstaben Milliarden von Anweisungen speichert: wer wir sind, wie wir wachsen, altern, reagieren, überleben. Lange Zeit war dieser Code für uns unberührbar – zu komplex, zu empfindlich, zu heilig.

Die größte Revolution in der Genetik der letzten Jahrzehnte trägt einen sperrigen Namen: CRISPR-Cas9. Doch hinter dieser Abkürzung verbirgt sich nichts Geringeres als ein Werkzeug, das Leben umschreiben kann. Entwickelt aus einem natürlichen Abwehrmechanismus von Bakterien gegen Viren, erlaubt CRISPR heute eine gezielte Veränderung von DNA – präziser, schneller und kostengünstiger als jede Methode zuvor.

Was früher Jahre an molekularbiologischer Arbeit bedeutete, kann heute in Wochen oder Tagen gelingen: ein einzelnes Gen herausschneiden, korrigieren, ersetzen, deaktivieren. Die Technik beruht auf einer Art genetischem Suchbefehl – die CRISPR-RNA führt das Enzym Cas9 genau dorthin, wo der Schnitt erfolgen soll. Dadurch wird die DNA auf molekularer Ebene geöffnet, bearbeitet und wieder geschlossen – ein Eingriff in den Bauplan des Lebens selbst.

Die Anwendungen sind gewaltig. In der Medizin ermöglicht CRISPR die Korrektur von Erbkrankheiten, die gezielte Modifikation von Immunzellen gegen Krebs, die Entwicklung genetisch resistenter Organismen – aber auch Fragen von Designerbabys, ethischen Grenzen und biologischer Verantwortung. In der Landwirtschaft werden Pflanzen widerstandsfähiger gemacht, in der Forschung entstehen Modellorganismen mit maßgeschneiderten Eigenschaften.

Für eine interplanetare Zivilisation ist CRISPR nicht nur eine Option – es ist ein Werkzeug mit strategischer Bedeutung: Wie soll sich der menschliche Körper an andere Atmosphären, Gravitationen oder Strahlungsumgebungen anpassen? Wie überlebt Leben in synthetischen Habitaten, auf dem Mars, in Generationenschiffen? Nur durch kontrollierte genetische Veränderung werden Organismen langfristig in der Lage sein, sich an das Leben außerhalb der Erde anzupassen.

Doch mit der Macht wächst auch die Verantwortung. Wer Gene verändert, verändert nicht nur Organismen, sondern ihre Nachkommen – und möglicherweise ganze Ökosysteme. CRISPR-Cas9 ist ein mächtiges Instrument. Die Frage ist nicht mehr, ob wir Leben verändern können – sondern, wofür.

Was wir in dieser Technologie sehen, ist nicht nur eine neue Art der Medizin – es ist eine neue Art der Evolution. Denn sobald eine Zivilisation in der Lage ist, sich selbst genetisch zu verändern, wird sie von den Gesetzen der natürlichen Selektion unabhängig. Sie kann sich gegen Krankheiten wappnen, an extreme Umgebungen anpassen – vielleicht sogar gegen die Strapazen der Raumfahrt rüsten. Länger leben. Tiefer schlafen. Strahlung überstehen. Und irgendwann: sich selbst neu denken.

In einem globalen Gemeinschaftsprojekt haben Wissenschaftler begonnen, einen vollständigen Atlas aller Zelltypen im menschlichen Körper zu erstellen – den sogenannten Human Cell Atlas. Er ist mehr als ein Katalog: Er ist eine detaillierte, dynamische Landkarte der zellulären Vielfalt und Funktion. Jede Zelle, jeder Typ, jedes Signal wird vermessen, verstanden und kontextualisiert. Dieses Wissen ermöglicht nicht nur präzisere Diagnosen, sondern auch individuelle Therapien auf zellulärer Ebene – eine Voraussetzung für echte medizinische Präzision in einer Zeit, in der der Mensch sich selbst neu versteht. Der Human Cell Atlas ist frei zugänglich unter www.humancellatlas.org – eine offene Karte des menschlichen Lebens, Zelle für Zelle.

Die genetische Reparatur von Erbkrankheiten war lange ein fernes Ziel – doch in den letzten Jahren wurden bedeutende Durchbrüche erzielt. Mithilfe gezielter Gentherapien konnten unter anderem Sichelzellanämie und bestimmte Formen von vererbter Blindheit erfolgreich behandelt werden. Dabei wird nicht das Symptom bekämpft, sondern die Ursache im genetischen Bauplan selbst korrigiert. Es ist der Übergang von der Therapie zur Rekonstruktion – und ein weiterer Schritt in Richtung biologischer Selbstbestimmung.

Ein weiterer Versuch, Kontrolle über das Leben zu gewinnen, ist die Xenotransplantation. Im Jahr 2022 wurde erstmals ein genetisch verändertes Schweineherz in einen menschlichen Patienten transplantiert. Der Eingriff markiert einen historischen Moment: Die medizinisch kontrollierte Grenzüberschreitung zwischen Spezies. Xenotransplantationen könnten in Zukunft den massiven Mangel an Spenderorganen mildern oder gar beseitigen – wenn es gelingt, Immunreaktionen zu unterdrücken und ethische

Fragen zu beantworten. Auch hier zeigt sich: Leben wird formbar, transplantierbar, kombinierbar – solange man seine Sprache versteht.

Die Entwicklung der mRNA-Impfstoffe gegen COVID-19 war ein medizinischer und wissenschaftlicher Durchbruch – nicht nur in der Pandemiebekämpfung, sondern auch im Verständnis biologischer Steuerungssysteme. Die Nobelpreisträger des Jahres 2023, Katalin Karikó und Drew Weissman, wurden für ihre jahrzehntelange Arbeit an dieser Technologie ausgezeichnet. Ihre Forschung ermöglichte es, Boten-RNA (messenger RNA) so zu modifizieren, dass sie vom menschlichen Immunsystem nicht mehr als Bedrohung erkannt, sondern als Bauanleitung akzeptiert wird.

Das Prinzip war revolutionär: Statt abgeschwächte Erreger oder Proteinfragmente zu injizieren, erhält der Körper einen digitalen Bauplan, den er in körpereigenen Zellen in die gewünschten Proteine umsetzt – in diesem Fall das Spike-Protein von SARS-CoV-2. Diese Technologie ermöglichte eine beispiellos schnelle Impfstoffentwicklung, bei gleichzeitiger Präzision und Anpassungsfähigkeit. Sie wurde zum Symbol für eine neue Klasse der Medizin: die programmierbare Immunologie.

Doch mRNA-Technologie ist mehr als nur ein Impfstoffprinzip. Sie öffnet Türen für individuelle Krebstherapien, Autoimmunregulation, zelluläre Reparaturprogramme – sogar für Anwendungen in der Raumfahrtmedizin, wo Immunfunktionen in Schwerelosigkeit versagen können. Sie markiert den Moment, in dem der menschliche Körper nicht mehr nur behandelt, sondern gezielt instruiert wird.

Die Kontrolle über Leben beginnt mit dem Verständnis seiner Sprache. Die mRNA ist eine Zeile Code – geschrieben nicht in Elektronen, sondern in Basen. Und vielleicht ist sie unser erster wirklicher Satz in der Syntax des Lebens.

Die personalisierte Medizin gilt als eine der vielversprechendsten Entwicklungen der modernen Biowissenschaften – doch bislang ist sie noch keine Realität für die breite Versorgung, sondern eher eine Zukunftsperspektive. Die Idee dahinter ist klar: Krankheiten sollen nicht länger nach Durchschnittswerten behandelt werden, sondern auf Basis des einzigartigen biologischen Profils jedes einzelnen Menschen. Genetische Varianten, Immunreaktionen, Mikrobiom, Stoffwechsel – all das könnte in die Therapieplanung einfließen. Erste Fortschritte gibt es bereits, etwa in der Krebsmedizin oder bei seltenen Erbkrankheiten. Doch diese Anwendungen sind noch fragmentarisch, technologisch aufwendig und kostenintensiv.

Abbildung 22. Am Ende sah er sich nicht mehr im Spiegel – sondern im Code.

Damit personalisierte Medizin wirklich Realität werden kann, braucht es eine massive Ausweitung der Forschung: in der Genomik, in der Datenintegration, in der medizinischen KI, in der Molekularanalyse. Nur wenn diese Felder konsequent weiterentwickelt werden, kann sich die Medizin der Zukunft von pauschaler Behandlung zu echter Individualisierung bewegen. Sie würde dann nicht nur heilen – sondern verstehen, wen sie heilt.

Bis vor wenigen Jahren galt HIV als unheilbar – behandelbar, aber nicht heilbar. Die Kombinationstherapie (ART) konnte das Virus unterdrücken, jedoch nicht eliminieren. Ein medizinischer Durchbruch erfolgte durch den „Berlin-Patienten" (Timothy Ray Brown), der 2007 als erster Mensch durch eine Stammzelltransplantation als „geheilt" galt. Weitere Fälle wie der „London-Patient" (Adam Castillejo) oder der „Düsseldorf-Patient" bestätigten den Ansatz. Bei diesen Patienten wurde aufgrund einer Krebserkrankung eine allogene Stammzelltransplantation durchgeführt. Die Spender verfügten über eine genetische Mutation (CCR5-Δ32), die verhindert, dass HIV in Zellen eindringt. Nach der Transplantation wurde das Immunsystem der Patienten vollständig ersetzt – mit Zellen, in die HIV nicht mehr eindringen konnte. Das Virus wurde dauerhaft aus dem Körper verdrängt. Es ist kein allgemeines Heilmittel, da solche Transplantationen hochriskant und nur bei lebensbedrohlicher Begleiterkrankung (wie Leukämie) gerechtfertigt sind. Aber: Der Beweis wurde erbracht, dass HIV heilbar ist – zumindest theoretisch und unter bestimmten Voraussetzungen. Daraus ergibt sich: Neue Forschung an genetischer Immuntherapie, gezielter Genom-Editierung (z. B. CRISPR) und HIV-Resistenz wird massiv vorangetrieben. Diese Fälle zeigen: Auch „unheilbare" Krankheiten können in eine neue Ära eintreten – durch Kombination von Zellbiologie, Genetik und gezielter medizinischer Innovation.

Doch es war nur die halbe Bewegung. Die Kontrolle über das Leben – über Zellen, Gedanken, Bewusstsein – war ein innerer Triumph. Sie hatten gelernt, sich selbst zu beeinflussen, sich zu verändern, zu verlängern. Doch während sie das Innere durchdrangen, wurde das Äußere nicht still.

Auch dort wartete Materie. Auch dort war Form möglich. Und so begann eine neue Phase: Nicht mehr das, was lebt, stand im Mittelpunkt – sondern das, was alles trägt.

Lange war das Rechnen linear – bitweise, binär, in klaren Zuständen. Doch in den untersten Schichten der Wirklichkeit gelten andere Regeln. Der Quantencomputer nutzt diese Regeln nicht nur – er basiert auf ihnen. Seine kleinste Einheit, das Qubit, kennt keine Entweder-oder-Logik mehr. Es existiert in Überlagerung, in Zuständen, die nur in Wahrscheinlichkeiten gedacht werden können. Diese neue Logik ist kein technisches Detail. Sie ist ein Paradigmenwechsel. Denn wer solche Systeme stabil kontrollieren kann, erhält Zugriff auf Rechenprozesse, die nicht mehr simulieren, sondern die Natur selbst abbilden – Moleküle, Felder, Interaktionen. Schon jetzt entwickeln Institute und Firmen Systeme, die chemische Reaktionen vorhersagen, Materialverhalten berechnen, kryptographische Systeme aufbrechen oder optimieren, was bisher chaotisch schien. Das Ziel ist nicht nur Rechenleistung. Das Ziel ist: die Realität berechenbar machen.

Ein weiterer Schritt auf dem Weg zur Kontrolle über Materie zeigt sich in der Nanotechnologie. Je kleiner der Maßstab, desto größer die Kontrolle. In der Welt der Nanotechnologie wird Materie nicht mehr zerlegt, sondern aufgebaut – Molekül für Molekül, Bindung für Bindung. Was früher unvorstellbar schien, wird heute gezielt geformt: DNA-Stränge falten sich zu funktionalen Strukturen, winzige Maschinen durchqueren Gewebe, Materialien erhalten Eigenschaften, die in der Natur nicht vorkommen. Die Richtung ist umgekehrt. Nicht mehr das Grobe wird verfeinert – sondern das Kleinste wird komponiert. Der Mensch schreibt Materie wie ein Text, nicht mehr wie ein Werkstück. Graphen, Metamaterialien, nanoskalige Schalter, gezielte Medikamentenverteilung – all das zeigt: Die Grenze zwischen Technik und Stoff beginnt sich aufzulösen. Es ist keine Miniaturisierung mehr. Es ist: Gestaltung auf der Ebene des Seins.

Die frühesten Feuer waren gezähmt. Später kam Elektrizität, dann Spaltung. Doch mit der Kernfusion rückt etwas Grundsätzlicheres in Reichweite: die Kontrolle über den Prozess, der Sterne am Leben hält.

Die Suche nach der Kontrolle über Materie führte den Menschen dorthin, wo Energie entsteht – zur Verschmelzung der kleinsten Bausteine. In der Fusion verschmelzen leichte Atomkerne – meist Wasserstoffisotope – zu Helium. Dabei entsteht enorme Energie, ohne CO_2, ohne langlebigen Abfall, ohne Kettenreaktion. Was lange nur Theorie war, wurde 2022 Realität: Erstmals erzeugte ein Experiment mehr Energie als es verbrauchte. Doch das war nur ein Augenblick. Der nächste Schritt – ITER! In Südfrankreich entsteht eine Maschine, die kein einzelnes Land mehr bauen könnte. ITER – das „International Thermonuclear Experimental Reactor"-Projekt – ist ein gemeinsames Vorhaben von Europa, den USA, Russland, China, Indien, Japan und Südkorea. Zum ersten Mal in der Geschichte der Menschheit arbeiten ehemals konkurrierende Großmächte gemeinsam an einem Reaktor, der kontrollierte Kernfusion nicht nur erzeugen, sondern über Minuten hinweg stabil halten soll. Das Ziel ist klar: mehr Energie aus der Verschmelzung von Atomkernen zu gewinnen, als hineingesteckt werden muss – ohne radioaktiven Abfall, ohne CO_2, ohne Kettenreaktion. ITER ist kein Kraftwerk, sondern ein Experiment – aber eines, das den Weg in ein neues Energiezeitalter öffnen könnte. Es ist der erste bewusste Versuch, den Prozess der Sterne zu wiederholen – und zu beherrschen. Die Bedeutung geht über Energie hinaus. Wer die Fusion beherrscht, hat nicht nur eine neue Energiequelle – sondern beginnt, die Grundkräfte des Kosmos technisch zu formen.

Jede Form hat ihr Gegenteil. Auch die Materie. Antimaterie ist kein Konzept der Philosophie, sondern eine reale Entsprechung – messbar, herstellbar, kontrollierbar. Zumindest für

Sekundenbruchteile. In den großen Teilchenbeschleunigern der Welt, etwa am CERN, gelingt es, einzelne Antiteilchen zu isolieren und in Magnetfallen zu halten. Trifft Antimaterie auf Materie, vernichten sich beide vollständig. Übrig bleibt nichts – außer Energie. Nicht als Nebenprodukt, sondern als totale Umwandlung. Es ist die direkteste Bestätigung von Einsteins Formel: $E = mc^2$ – Energie ist gefangene Masse, und Masse ist konzentrierte Energie. Noch ist diese Technik fern von jeder praktischen Nutzung. Die Herstellung ist aufwendig, die Speicherung extrem instabil. Aber der Beweis ist erbracht: Der Mensch hat begonnen, nicht nur Materie zu beherrschen, sondern auch ihr Spiegelbild zu berühren. Nicht nur das, was ist, soll gehorchen – sondern auch das, was nicht sein darf.

Reibung war lange die Regel. Jedes elektrische System verlor Energie – durch Wärme, durch Widerstand, durch die Struktur der Materie selbst. Doch unter bestimmten Bedingungen bricht dieses Gesetz. Manche Materialien, gekühlt auf wenige Kelvin, leiten Strom ohne jeden Verlust. Kein Widerstand, kein Zerfall der Bewegung – perfekte Leitung durch perfekte Ordnung. Diese Supraleitung ist kein Gedankenspiel. Sie wird längst genutzt – in Teilchenbeschleunigern, in medizinischer Bildgebung, in Magnetschwebebahnen. Ihre Voraussetzung aber ist bisher extrem: Temperaturen nahe dem absoluten Nullpunkt oder hoher Druck. Seit 2023 wurden Materialien entdeckt, die Supraleitung bei höheren Temperaturen und kontrollierbarem Druckzeigen – erste Schritte hin zu technischen Anwendungen im Alltag: verlustfreie Energienetze, kompakte Quantenrechner, neue Formen magnetischer Bewegung. Doch auch ohne Massennutzung bleibt die Botschaft klar: Materie kann gehorchen – vollständig, reibungslos, verlustfrei. Es ist nicht nur der Strom, der hier fließt. Es ist der Gedanke, dass Ordnung in der Tiefe der Welt möglich ist – und lenkbar.

Es gibt Stoffe, die niemand je gesehen hat – und doch müssen sie da sein. Neutrinos durchqueren den Körper milliardenfach, ohne

Spuren zu hinterlassen. Dunkle Materie wirkt durch Gravitation – und entzieht sich jeder direkten Messung. Was früher dem Mythos gehörte, ist heute Gegenstand hochpräziser Experimente. In tiefen unterirdischen Detektoren wie XENONnT wird versucht, das Unsichtbare zur Reaktion zu zwingen – durch Abschirmung, Kühlung, Geduld.

Gleichzeitig wächst der Zugriff nicht nur in die Tiefe, sondern auch in die Ferne. Im Orbit kreisen Sonden, die Rohstoffe auf Asteroiden kartieren. Auf dem Mond und auf erdnahen Gesteinskörpern lagern Metalle, die auf der Erde selten sind – Platin, Iridium, seltene Erden. Der Gedanke, Material nicht nur zu nutzen, sondern dort zu gewinnen, wo es entsteht, ist keine Fiktion mehr, sondern Bestandteil geopolitischer Strategien.

Und während neue Stoffe gesucht werden, entstehen gleichzeitig neue Stoffe – nicht mehr durch Zufall, sondern durch Entwurf. Künstliche Intelligenzen simulieren Molekülstrukturen, optimieren Leitfähigkeit, Gewicht, Stabilität. Sie entwerfen Materialien, die nie zuvor existierten, und prüfen sie im Rechner, bevor ein einziger Reaktor gestartet wird. So verschiebt sich die Grenze des Greifbaren. Was unsichtbar war, wird messbar. Was fern war, wird zugänglich. Was noch nie existierte, wird berechnet – und dann gebaut. Die Versuche, Materie zu kontrollieren, folgen keiner einzelnen Methode – sondern einer gemeinsamen Richtung: technischer Präzision. Ob in Quantenprozessoren, Nanomaschinen, Fusionsreaktoren oder supraleitenden Materialien – die Systeme werden feiner, spezifischer, gezielter. Selbst Antimaterie, Neutrinos oder kosmische Rohstoffe rücken in den Bereich technischer Machbarkeit. Der Mensch hat begonnen, Materie nicht mehr nur zu beobachten oder zu verarbeiten, sondern systematisch zu gestalten. Die physikalische Welt ist nicht länger nur Umgebung – sie wird zur variablen Größe, die auf Prinzipien reagiert, nicht auf Zufall.

Die Kontrolle über Materie ist keine einzelne Erfindung.
Sie ist eine zivilisatorische Tendenz – und sie hat begonnen.

KAPITEL 13

FINALE STATIONEN & OFFENE FRAGEN

„Fermi-Paradoxon, Großes Filter, weitere Stationen, und Fragen, die wir vielleicht nie beantworten werden, weil die Zivilisation, die sie beantworten könnte, längst verschwunden ist."

Je weiter sich eine Zivilisation entwickelt, desto undeutlicher werden ihre nächsten Schritte. Die frühen Stationen waren sichtbar, greifbar, unumgänglich. Doch mit wachsender Komplexität verschwimmen die Grenzen: Was kommt als Nächstes? Wie viele Stationen liegen noch vor uns? Zehn? Hundert?

Vielleicht erkennen wir manche Station erst im Rückblick als das, was sie war. Vielleicht ist die Entwicklung einer Zivilisation weniger ein gerader Pfad als ein Nebelmeer, in dem manche Ufer erreicht, andere nie gesichtet werden. Während wir versuchen, auf der Kardaschow-Skala aufzusteigen – Schritt für Schritt zur Typ-I-Zivilisation –, blicken wir ins All und fragen uns: Wo sind die anderen? Das Fermi-Paradoxon hallt zwischen den Sternen, während wir selbst noch zwischen Reaktor und Resonanz taumeln.

Das sogenannte Fermi-Paradoxon gehört zu den drängendsten Fragen der modernen Zivilisationsforschung – und ist zugleich eine stille Anklage an unsere kosmische Einsamkeit. Es geht von einer scheinbar einfachen Beobachtung aus: In einem Universum mit

161

Milliarden von Galaxien, jeweils mit Milliarden von Sternen und potenziell bewohnbaren Planeten, müsste das Leben nicht nur entstanden, sondern auch an vielen Stellen intelligent geworden sein – lange vor uns. Warum also sehen wir nichts? Warum herrscht am Himmel eine solche Funkstille? Der italienische Physiker Enrico Fermi soll in den 1950er Jahren bei einem Mittagessen gefragt haben: „Wo sind sie denn alle?" – und legte damit den Grundstein für ein wissenschaftliches Paradox. Denn die Mathematik spricht gegen unser Alleinsein, die Realität jedoch bestätigt es Tag für Tag. Es gibt viele Erklärungsversuche: Vielleicht zerstören sich hochentwickelte Zivilisationen selbst, bevor sie sichtbar werden. Vielleicht sind sie da – aber wir erkennen ihre Signale nicht. Vielleicht wollen sie nicht gefunden werden. Vielleicht sind wir zu primitiv, um die wahre Form ihrer Kommunikation zu verstehen. Oder: Vielleicht haben sie eine bewusste Entscheidung getroffen, uns zu beobachten, aber nicht einzugreifen – ein kosmisches Schweigegelübde. Doch je weiter wir uns technologisch entwickeln, desto stärker wächst das Unbehagen: Was, wenn der Grund für die Stille darin liegt, dass jede Zivilisation, die eine kritische Schwelle erreicht, sich durch ihre eigene Macht auslöscht – durch Krieg, durch Umweltzerstörung, durch künstliche Intelligenz? Das Fermi-Paradoxon ist daher nicht nur eine astronomische Frage. Es ist ein Spiegel unserer Ängste, ein Warnzeichen – und vielleicht der leise Beweis dafür, dass die Station, an der wir heute stehen, eine besonders gefährliche ist.

Vielleicht liegt die Lösung nicht darin, den Zerfall der Zivilisation um jeden Preis zu verhindern – sondern darin, ihn frühzeitig zu erkennen und bewusst zu lenken. Isaac Asimov formulierte es in Foundation klar: Zivilisationen sind zerbrechlich – aber mit Wissen, Mut und Weitsicht kann ihr Niedergang nicht verhindert, wohl aber gemildert werden.
Statt sich blind an einen Mythos des ewigen Wachstums zu klammern, könnten wir lernen, den natürlichen Kreislauf zu akzeptieren: Aufstieg, Krise, Transformation, Wiederaufstieg.

Ein Niedergang, der nicht blind und chaotisch verläuft, sondern bewusst abgefedert wird, könnte der Schlüssel sein, um nicht alles zu verlieren. Statt eines totalen Zusammenbruchs ein tiefer, aber kontrollierter Umbruch – ein Winter, aus dem ein neuer Frühling erwachsen kann.

Das bedeutet: Die wichtigste Aufgabe einer reifen Zivilisation ist nicht, den Untergang unmöglich zu machen. Sondern ihn rechtzeitig zu erkennen, klug zu steuern – und ihn zu überleben.
Dabei sollte man nie vergessen, was Robin Hanson in seinem Werk The Great Filter formulierte: „Wenn wir allein sind, dann nicht, weil es leicht ist, hier zu sein – sondern weil es fast niemand schafft." Vielleicht ist es gerade diese Erkenntnis, die den Unterschied macht: Nicht der Traum von Unsterblichkeit schützt Zivilisationen – sondern die Fähigkeit, Niederlagen einzukalkulieren, Schwächen einzugestehen und trotz allem weiterzubauen.

Zum ersten Mal in ihrer Geschichte befindet sich die Menschheit nicht in einer einzigen Entwicklungsphase – sondern in mehreren zugleich. Während frühere Stationen meist nacheinander durchlaufen wurden, entstehen heute parallele Fortschritte auf unterschiedlichen Ebenen.

Die Kontrolle über Energie begleitet sie seit Jahrtausenden – vom Feuer bis zur Kernspaltung und den ersten Versuchen der Fusion. Diese Station ist alt, aber noch nicht abgeschlossen. Neue Technologien wie Supraleiter oder Fusionsreaktoren erweitern sie beständig, aber diese ist natürlich nicht vollendet.

Die künstliche Intelligenz dagegen steht erst am Anfang. Ihre Systeme können Muster erkennen, Sprache generieren, Prozesse optimieren – aber nicht verstehen, nicht abstrahieren, nicht entscheiden. Der Weg ist sichtbar, aber noch weit.

Auch im Bereich Raumfahrt vollzieht sich Bewegung. Satelliten, bemannte Raumstationen, unbemannte Erkundungen des

Sonnensystems sind Realität. Doch stabile Präsenz im All, Ressourcenabbau oder interplanetare Infrastruktur existieren bislang nur in Konzepten. Der Fortschritt ist leider fragil und abhängig von politischen wie ökonomischen Impulsen.

Die Kontrolle über Materie – über ihre kleinsten Strukturen, ihre energetischen Zustände und ihre künstliche Herstellung – hat in den letzten Jahren große Sprünge gemacht: Nanotechnologie, Quantenprozesse, Materialdesign durch KI. Noch ist das Feld jung, aber wachsend.

Und schließlich die Kontrolle über das Leben: Gene editieren, Organe züchten, Krankheiten auf zellulärer Ebene behandeln, Bewusstsein kartieren. Hier ist der Fortschritt weit, aber ethisch umkämpft.

Die Zivilisation der Gegenwart lebt nicht in einer Phase. Sie lebt in fünf gleichzeitig – und in jeder auf einem anderen Stand.

Tief im Herzen jeder Suche, hinter aller Neugier, allen Experimenten, aller Technik, brennt ein älteres Feuer: das demütige Staunen. Wir tun nicht, was wir tun, weil wir glauben, alles verstehen zu können – sondern weil wir ahnen, wie wenig wir wissen. Wir greifen nach Sternen und Atomen nicht aus Übermut, sondern aus Sehnsucht. Wir vermessen das Universum, nicht um es zu beherrschen, sondern um unsere eigene Winzigkeit zu begreifen. Jeder Schritt in die Geheimnisse der Schöpfung, jede Entdeckung, jede Theorie ist – in Wahrheit – ein stilles Gebet. Ein Versuch, die unbegreifliche Ordnung zu erkennen, die hinter allem liegt. Nicht um sie zu besitzen, sondern um sie zu bewundern. Vielleicht ist das die tiefste Bestimmung allen Wissens: nicht Macht, nicht Kontrolle – sondern ein einziger, aufrichtiger Akt der Ehrfurcht.

Es ist auffällig, dass viele große Wissenschaftler, je weiter sie in die Geheimnisse der Natur vordringen, nicht in Zynismus oder kalte Mechanik verfallen, sondern im Gegenteil eine tiefe Ehrfurcht entwickeln. Einstein sprach oft von einem „kosmischen religiösen

Gefühl", das ihn durchdrang, wenn er die Gesetze des Universums studierte. Heisenberg, Schrödinger, Planck – viele dieser Geister betonten, dass Wissenschaft kein Feind der Spiritualität sei, sondern ihr vielleicht tiefster Ausdruck. Je mehr Wissen, desto größer oft das Staunen. Je mehr Entdeckung, desto stärker das stille Eingeständnis: Das Ganze ist immer noch größer als die Summe seiner Teile.

Seit den ältesten religiösen Texten begleitet die Menschheit eine Frage, die nie ganz verstummt ist: Kann der Mensch selbst zum Schöpfer werden? Am Anfang der Mythen steht oft die Erschaffung des Lebens durch eine göttliche Instanz – doch ebenso oft auch die Warnung, dass der Mensch, sollte er je selbst schöpferisch werden, eine Grenze überschreiten könnte, die ihm nicht zusteht.
Je mehr Wissen wir als Menschheit ansammeln, desto klarer wird es, dass die Ordnung des Universums kaum dem reinen Zufall entsprungen sein kann. Albert Einstein brachte diese Intuition auf den Punkt: „Gott würfelt nicht." Damit meinte er: Die Natur gehorcht keiner Willkür, sondern tiefen, verborgenen Gesetzen. Und vielleicht, indem wir diese Gesetze entdecken – in Mathematik, Physik, Biologie – kommen wir dem Schöpferprinzip näher, das uns seit Anbeginn in Staunen versetzt.

In diesem letzten Kapitel beginnt kein neuer Abschnitt. Stattdessen betreten wir einen Raum der Ungewissheit – einen Flur mit hundert Türen. Manche führen weiter, andere im Kreis. Und vielleicht ist gerade das das Wesen der fortgeschrittenen Zivilisation: nicht mehr nur zu überleben, sondern die richtigen Fragen zu stellen.

Und so stehen wir heute vor einem Labyrinth aus Möglichkeiten. Jede Tür, die wir öffnen, ist eine Entscheidung – aber nicht jede führt vorwärts. Manche Wege sind Umwege, andere führen in Sackgassen. Und genau das macht diese Phase so gefährlich: Die falsche Tür bedeutet nicht nur Zeitverlust, sondern erhöht das Risiko, eine globale Katastrophe nicht mehr rechtzeitig abwenden zu können. In einer Welt mit nuklearer Bedrohung, instabilen

Ökosystemen und entgrenzter Technologie kann Irrtum tödlich sein – nicht nur für den Einzelnen, sondern für alle.

In diesem Kapitel versuchen wir nicht mehr, Antworten zu geben. Wir versuchen, die richtigen Fragen zu bewahren. Aber hier erst mal eine kleine Wiederholung aller unvermeidlichen Stationen:

1. **Vor 2,6 Millionen Jahren**
   Werkzeuggebrauch
   Beginn der bewussten Manipulation der Umwelt.
   (→ *Nächste Station folgt ca. **900.000 Jahre später**.*)

2. **Vor 1,7 Millionen Jahren**
   Kontrolle über Feuer
   Wärme, Kochen, Schutz – ein neuer Umgang mit Energie.
   (→ *Nächste Station folgt ca. **1,6 Millionen Jahre später**.*)

3. **Vor 100.000 Jahren**
   Sprache
   Der Beginn symbolischer Kommunikation. Kultur entsteht.
   (→ *Nächste Station folgt ca. **88.000 Jahre später**.*)

4. **Vor 12.000 Jahren**
   Landwirtschaft & Sesshaftigkeit
   Kontrolle über Nahrung. Der Mensch bleibt an Ort und Stelle.
   (→ *Nächste Station folgt ca. **7.000 Jahre später**.*)

5. **Vor 5.000 Jahren**
   Schrift
   Wissen wird speicherbar. Zeit wird überwindbar.
   (→ *Nächste Station folgt ca. **2.700 Jahre später**.*)

6. **Vor 2.300 Jahren (300 v. Chr.)**
   Mechanik & Maschinen
   Hebel, Zahnräder, Flaschenzüge. Die Technik nimmt Form an.
   (→ *Nächste Station folgt ca. **1.200 Jahre später**.*)

7. **Vor 1.100 Jahren (900 n. Chr.)**
Wissenschaftliche Methode
Die Welt wird befragt, nicht geglaubt.
(→ *Nächste Station folgt ca.* ***800 Jahre später.***)

8. **Vor 300 Jahren (1712 n. Chr.)**
Kontrolle über Energiequellen
Dampfmaschine, Strom, Öl – Macht durch Energie.
(→ *Nächste Station folgt ca.* ***224 Jahre später.***)

9. **Vor 90 Jahren (1936 n. Chr.)**
Informationszeitalter
Rechner, Codes, Internet. Gedanken werden blitzschnell.
(→ *Nächste Station folgt ca.* ***17 Jahre später.***)

10. **Vor 72 Jahren (1953 n. Chr.)**
Kontrolle Über Materie & Leben
Der Mensch entschlüsselt den Bauplan des Lebens – DNA
(→ *Nächste Station folgt ca.* ***8 Jahre später.***)

11. **Vor 64 Jahren (1961 n. Chr.)**
Raumfahrt & interplanetare Zivilisation
Der erste Fuß außerhalb des Ursprungsplaneten.
(→ *Nächste Station folgt ca.* ***61 Jahre später.***)

12. **Vor ca. 3 Jahren (2022 n. Chr.)**
Künstliche Intelligenz
Der Versuch, Intelligenz selbst zu replizieren.
(→ *Nächste Station folgt ca. in wie viele* ***Jahre später?***)

Diese zeitliche Darstellung macht deutlich: Die Abstände zwischen den Stationen werden immer kürzer. Was früher Jahrtausende dauerte, braucht heute Jahrzehnte – oder weniger. Die Menschheit hat begonnen, Stationen zu überholen, bevor sie die vorherige vollständig versteht. Ein evolutionärer Sprint mit ungewissem Ziel.

Vielleicht liegt der Grund, warum viele Durchbrüche stagnieren oder uns nur scheinbar weiterbringen, nicht in der Technik selbst – sondern in unserer Überstürzung. Wir wollen künstliche Intelligenz verstehen, interstellare Reisen planen, höherdimensionale Physik entschlüsseln. Aber viele fundamentale Stationen sind noch nicht gemeistert, sondern nur berührt. Die Kontrolle über Energiequellen ist weltweit lückenhaft – Millionen Menschen haben keinen Zugang zu Strom, während andere sich an instabilen Netzen oder fossilen Altlasten festklammern. Die Kontrolle über Materie und Leben steckt voller ungelöster Fragen: Trotz Gentechnik, CRISPR und Biotechnologie verstehen wir nur Bruchteile des epigenetischen Zusammenspiels, das einen Organismus ausmacht.

Mit der Entdeckung von CRISPR/Cas9 hat die Menschheit zum ersten Mal ein präzises Werkzeug in der Hand, um den genetischen Code nicht nur zu lesen – sondern gezielt umzuschreiben. Was einst als Verteidigungsmechanismus von Bakterien gegen Viren entdeckt wurde, ist heute das schärfste Skalpell der modernen Biologie. Buchstaben der DNA – A, T, C, G – lassen sich nun gezielt entfernen, ersetzen oder ergänzen, als handle es sich um Sätze in einem Text. Die Möglichkeiten sind gewaltig: Heilung genetischer Erkrankungen, krankheitsresistente Pflanzen, Designerorganismen, sogar Eingriffe in menschliche Embryonen. Doch genau darin liegt auch die Gefahr. Die Kontrolle über das Leben bedeutet nicht nur Zugriff auf Reparatur – sondern auch auf Gestaltung. Wer entscheidet, was verbessert werden darf? Was „normal" ist? Und wie lassen sich Fehler rückgängig machen, wenn sie tief in das Erbgut einer ganzen Linie eingeschrieben sind? CRISPR ist keine ferne Technologie – sie ist real, zugänglich und längst in vielen Labors Standard. Es ist möglich, dass wir mit CRISPR nicht nur eine Station betreten haben, sondern gleich ein ganzes Areal voller neuer Türen. Doch welche davon dürfen – und welche müssen wir öffnen?

Solange wir diese Stationen nicht mit Tiefe, Verantwortung und globaler Kooperation durchdringen, könnten spätere Fortschritte nur Illusionen sein – oder gefährlich instabil. Möglicherweise hängen große Sprünge – etwa in der Raumfahrt oder bei der künstlichen Intelligenz – gar nicht von sich selbst ab, sondern von den vorangegangenen Stationen. Vielleicht kommt der echte Fortschritt in der KI erst dann, wenn wir Energie in Echtzeit stabil, sauber und überall verfügbar machen können. Vielleicht gelingt die Reise zu anderen Sternen erst dann, wenn wir unsere Biologie vollständig verstehen, verändern und schützen können.

Raumfahrtmedizin gibt heute schon erste Hinweise auf unsere Unreife. Lange Aufenthalte im All führen zu gravierenden Knochen- und Muskelverlusten, zu Veränderungen des Sehsinns, zu psychischen Belastungen. Wir haben noch keine Antworten auf grundlegende Fragen: Wie funktioniert eine Operation in der Schwerelosigkeit? Wie reagiert ein Immunsystem ohne Schwerkraft? Was geschieht mit Wundheilung, Intubation, Reanimation in einer Umgebung ohne Oben und Unten?

Die Genetik zeigt uns, dass Leben programmierbar ist – aber auch empfindlich. Die Epigenetik offenbart, dass Umwelt, Ernährung, sogar Gedanken Spuren hinterlassen – auch im All. Wir stehen am Anfang einer neuen Station, ohne die der Aufstieg unmöglich sein könnte: die bewusste, steuerbare Veränderung des menschlichen Körpers für extreme Bedingungen. Ohne diese Kontrolle bleiben wir Erdlinge – gebunden an eine Atmosphäre, an eine Schwerkraft, an eine Biologie, die für das All nie gedacht war.

In dieser Diskussion taucht ein Begriff auf, den viele aus der Astronomie kennen – aber der in diesem Zusammenhang eine neue, unheimliche Bedeutung bekommt: Der Große Filter.

Die Vorstellung vom „Großen Filter" ist keine Hypothese über Technik, sondern eine über Schicksal. Sie versucht, eine verstörende Leerstelle zu füllen – jene, die das Fermi-Paradoxon hinterlässt. Wenn es im Universum so viele potenzielle Zivilisationen geben müsste – warum sind wir allein? Warum hören wir nichts? Warum sehen wir niemanden? Eine mögliche Antwort lautet: Weil es einen Filter gibt, den kaum jemand überlebt. Einen Punkt, an dem sich entscheidet, ob eine Zivilisation fortbesteht – oder in der Stille vergeht.

Der Große Filter ist ein Denkmodell, nicht mehr – aber auch nicht weniger. Es geht davon aus, dass irgendwo im Verlauf einer zivilisatorischen Entwicklung ein Ereignis, ein Übergang, ein Stadium liegt, das so unwahrscheinlich oder so zerstörerisch ist, dass die allermeisten Spezies dort scheitern. Manche kommen gar nicht erst bis dorthin. Andere schaffen es – und zahlen den Preis. Und nur wenige, vielleicht keine, gehen hindurch.

Das Erschreckende daran: Wir wissen nicht, wo dieser Filter liegt. Er könnte hinter uns liegen – zum Beispiel in der Entstehung von Leben selbst. Vielleicht ist Leben ein so seltener Unfall, dass es kaum je entsteht. Vielleicht ist die Entwicklung von komplexem, intelligentem Leben ein weiterer Filter. Wenn das stimmt, hätten wir ihn bereits hinter uns – und unsere Zukunft wäre offen, voller Möglichkeiten.

Aber der Filter könnte auch vor uns liegen. In der Zukunft. Und das wäre die gefährlichere Variante. Vielleicht ist die Erfindung nuklearer Waffen eine solche Schwelle. Oder die Kombination aus Klimawandel, Ressourcenerschöpfung, biologischen Massenvernichtungsmitteln und künstlicher Intelligenz. Vielleicht ist es nicht eine einzige Katastrophe – sondern ein Zusammenspiel aus vielen: instabile Gesellschaften, fehlgeleitete Technologien, moralischer Zerfall. In dieser Lesart ist die Stille im All kein Zeichen für Leere – sondern für Scheitern. Alle anderen waren auch hier. Und sie sind nicht mehr.

Der Große Filter ist nicht messbar. Er ist unsichtbar – bis er sich zeigt. Und wenn er es tut, könnte es zu spät sein. Deshalb ist dieses Denkmodell mehr als eine intellektuelle Übung. Es ist eine Warnung. Es sagt: Je mehr Stationen wir erreichen, desto achtsamer müssen wir werden. Der Fortschritt schützt uns nicht automatisch – er macht uns verletzlicher.

Vielleicht liegt der Filter auch nicht an einer bestimmten Station, sondern im Übergang zwischen zwei: Wenn eine Zivilisation zu schnell von der Kontrolle über Energie zur künstlichen Intelligenz springt, ohne zuerst Ethik, Biologie und ökologische Resilienz gemeistert zu haben. Wenn sie zu sehr nach außen strebt, bevor sie innerlich stabil ist. Der Filter könnte genau dort liegen – wo das Tempo größer wird als das Verständnis.

Und es gibt noch eine letzte, beunruhigende Variante: Dass der Große Filter nicht ein Ereignis ist, sondern eine Schwelle der Reife. Eine Prüfung, die jede Zivilisation bestehen muss – aber nicht mit Intelligenz, sondern mit Weisheit. Dann ist es keine Frage der Technik mehr, sondern des Charakters.

Wir könnten der erste sein, der sich ihm nähert – bewusst. Wir haben vielleicht noch Zeit. Doch sie wird nicht zurückkehren. Und jeder Schritt, jede Station, jede Entscheidung ist ein Wagnis. Wer den Filter sieht, hat nur zwei Möglichkeiten: ihn unterschätzen – oder ihm entgegentreten.

Von Lucy – unserer ältesten Heldin und Symbolfigur des Werkzeuggebrauchs – bis zum Jungen vom Turkana-See, der als Homo erectus das Feuer in seine Gewalt brachte. Von Homer, dem großen Erzähler der Menschheit, bis zu den Menschen von Uruk, die mit der Erfindung der Schrift begannen, das Denken der Menschheit dauerhaft festzuhalten. Von den Bewohnern von Çatalhöyük, die sesshaft wurden und die ersten Städte bauten, bis zu Heron, Archimedes und Leonardo da Vinci – den visionären Ingenieuren der frühen Mechanik. Von Galileo Galilei, dem Vater der modernen Wissenschaft, der trotz Anfeindung auf Wahrheit bestand, bis zu Nikola Tesla, der Blitze zähmte und Visionen einer elektrifizierten Welt entwarf. Von Alan Turing, der den Grundstein für die Informatik legte, bis zu Tim Berners-Lee, der das World Wide Web erschuf – eine Plattform für kollektives Denken. Von Geoffrey Hinton, dem Pionier der modernen künstlichen Intelligenz, der heute vor ihrer Macht warnt, bis zu Juri Gagarin und Carl Sagan, die uns das Weltall als unsere Zukunft zeigten.

Abbildung 23. Die unvermeidlichen Menschen - Schulklasse Erde
Wäre einer nicht gewesen – stünde sein Nachbar nicht auf diesem Bild.
Obere Reihe (von links nach rechts):
Turkana Boy, Archimedes, Tim Berners-Lee, Geoffrey Hinton, Galileo Galilei, Juri Gagarin
Mittlere Reihe (von links nach rechts):
Ein Mann von Çatalhöyük, Homer, Heron von Alexandria, Nikola Tesla, Leonardo da Vinci, Rosalind Franklin
Untere Reihe (von links nach rechts):
Lucy, Alan Turing, eine Frau von Uruk

Und schließlich Rosalind Franklin – ohne deren Blick durch die Linse der Röntgenbeugung das Erbgut der Menschheit ein Geheimnis geblieben wäre. Am Ende dieser Reihe steht Nikolai Kardaschow – der Mann, der wagte, Zivilisationen an der Größe ihrer Energie zu messen. All diese Menschen – real, symbolisch oder fossil – zeigen, was der Homo sapiens geschafft hat. Und was er noch schaffen kann.

Es sind oft nicht Bücher, nicht Vorlesungen, nicht Dokumentationen, die den ersten Funken einer großen Frage in Manchmal den ersten Funken einer großen Frage in einem jungen Geist kann ein Computerspiel entzünden. Sid Meier's Civilization, Stellaris, Minecraft, SimCity und andere sind weit mehr als Unterhaltung. Sie sind interaktive Modelle des Denkens. Sie zwingen zum Abwägen, zum Verstehen von Ressourcen, Ethik, Expansion, Risiko und Kollaps. Wer eine Zivilisation durch Jahrtausende führt, sieht die Welt mit anderen Augen. Es sind Spiele – und zugleich verdichtete Zivilisationserfahrungen. In jeder Runde liegt die Entscheidung: Entdecke ich erst den Buchdruck oder das Schießpulver? Erforsche ich Künstliche Intelligenz, bevor ich Demokratie stabilisiert habe? Baue ich Raketen – oder Schulen?

Diese Spiele machen Geschichte spürbar, nicht als Chronik, sondern als Prozess. Sie erlauben Scheitern, Wiederholung, Revision – und genau das macht sie wertvoll. In einer echten Zivilisation hat man keinen zweiten Versuch. Im Spiel schon. Und wer oft genug im Spiel gescheitert ist, versteht vielleicht im echten Leben etwas tiefer, was auf dem Spiel steht.

Fast alle Elemente in unserem Körper – der Sauerstoff, den wir atmen, der Kohlenstoff, aus dem unsere Zellen bestehen, das Eisen, das durch unser Blut zirkuliert – wurden nicht auf der Erde geboren. Sie entstanden in den Kernen längst vergangener Sterne, geschmiedet in Jahrmillionen durch Kernfusion und dann – in gewaltigen Supernovae – in den Kosmos geschleudert. Es ist keine

173

Metapher: Wir bestehen aus Sternenstaub. Jeder Mensch ist ein Fragment einer Sternenexplosion, ein wandelndes Echo von Licht und Druck. Wir kommen aus den Sternen – und wir werden dorthin zurückkehren. Vielleicht als Asche. Vielleicht als Daten. Vielleicht als bewusste Wesen, die den Kreis schließen. Was wir „Ich" nennen, ist Teil eines größeren Stroms – nicht getrennt vom Kosmos, sondern geboren aus seinem Herzen. Der Blick zum Himmel ist also nie nur Sehnsucht. Er ist Erinnerung.

Was nun folgt, sind Fragen. Einige wurden bereits teilweise beantwortet, andere sind noch vollkommen offen. Manche betreffen die Ethik, andere die Philosophie. Einige sind rhetorisch, andere betreffen eine Zukunft, die noch nicht begonnen hat.

Was wird ITER in den kommenden Jahren tatsächlich erreichen? Ist die Kernfusion sicher – oder reicht ein einziger Fehler, um alles zu gefährden? Haben wir in der Frühzeit eine Station übersprungen, ohne es zu erkennen – und ist genau das der Grund, warum es heute so schwer ist, weiterzukommen? Würde die Verschmelzung aller Nationen zu einer einzigen, grenzenlosen Weltgemeinschaft den Krieg unmöglich machen – oder wäre genau das ein Irrtum? Denn entsteht nicht gerade durch Vielfalt auch Vielfalt im Denken, in der Kultur, in der Forschung? Und wäre ein völliger Zusammenschluss vielleicht auch das Ende jenes inneren Spannungsfelds, aus dem sich Entwicklung speist – einschließlich des Drucks, der durch Konkurrenz und Konflikt entsteht? Erforsche ich Künstliche Intelligenz, bevor ich Demokratie stabilisiert habe? Baue ich Raketen – oder Schulen? Wie viele Stationen liegen noch vor uns? Zehn? Hundert? Warum sehen wir nichts? Warum herrscht am Himmel eine solche Funkstille? Fermi: „Wo sind sie denn alle?" Wie Stephen Webb in seinem Buch sagt: „Ist das Schweigen des Kosmos eine Einladung, oder eine Warnung?" Wie breitet man sich aus: biologisch, mechanisch, digital? Als Gesellschaft – oder nur als Idee? Wie soll sich der menschliche Körper an andere Atmosphären, Gravitationen oder Strahlungsumgebungen anpassen? Wie überlebt Leben in synthetischen Habitaten, auf dem Mars, in Generationenschiffen? Bewegt sich die Menschheit zu schnell – schneller, als ihre gesellschaftliche Reife es erlaubt? Führt eine überstürzte Entwicklung unweigerlich zu innerem Zusammenbruch – durch Krieg, Fehlsteuerung, künstliche Intelligenz oder genetische Eingriffe? Oder ist das eigentliche Risiko gerade das Gegenteil: Dass wir uns zu langsam bewegen – und eines Tages von äußeren Ereignissen überrollt werden, auf die wir nicht vorbereitet sind? Gibt es überhaupt ein richtiges Tempo – oder nur eine schmale Balance zwischen Überforderung und Versäumnis? Wird die medizinische Forschung – vor allem in der Onkologie und der Behandlung kardiovaskulärer Erkrankungen – diese Krankheiten eines Tages vollständig beseitigen? Und wenn ja: Führt das zu einer massiven Erhöhung der Lebenserwartung – mit der Folge, dass Gesellschaften strukturell überfordert sind, eine große Zahl alter, pflegebedürftiger, aber biologisch lebender Menschen zu versorgen? Wird Fortschritt dann nicht nur eine medizinische, sondern auch eine politische und ethische Belastung? Wird eine künstliche Intelligenz je ein eigenes Bewusstsein entwickeln – oder nur immer Bewusstsein simulieren? Ist Intelligenz ohne Empathie gefährlich – oder nur effizient? Werden zukünftige Systeme Entscheidungen treffen, die der Mensch nicht mehr versteht? Wann überschreitet eine Maschine die Schwelle von Werkzeug zu Akteur? Wird KI je in der Lage sein, neue Naturgesetze zu entdecken – nicht durch Programmierung, sondern durch eigenes Schließen? Können wir ein System erschaffen, das intelligenter ist als wir – ohne uns selbst überflüssig zu machen? Wird die künstliche Intelligenz zuerst zur Lösung globaler Probleme beitragen – oder zu deren Beschleunigung? Ist es denkbar, dass eine KI ethische Prinzipien entwickelt, die den menschlichen widersprechen? Wer trägt Verantwortung, wenn ein lernendes System falsche Entscheidungen trifft? Werden wir Maschinen nur trainieren – oder bald von ihnen trainiert werden? Ist Kontrolle über KI überhaupt möglich, wenn wir sie nicht mehr vollständig verstehen? Wird die nächste wissenschaftliche Revolution nicht von Menschen kommen – sondern von Algorithmen? Wie verändert sich eine Zivilisation, wenn der denkende Teil nicht mehr biologisch ist? Muss man einer KI Rechte zugestehen, wenn sie leidensfähig wäre – oder reicht es, dass sie nützlich ist? Wird KI uns helfen, bessere Menschen zu werden – oder nur effizientere? Ist künstliche Intelligenz eine neue Form des Lebens? Wird KI irgendwann mehr über uns wissen, als wir selbst? Wird eine KI, die autonom schreibt, denkt, entscheidet – je aufhören wollen? Ist der Punkt der Unumkehrbarkeit bereits erreicht? Werden zukünftige Generationen KI als Befreiung sehen – oder als Verlust des Eigenen? Wird eine mit KI ausgestattete Robotik eines Tages Bauwerke errichten, die jenseits menschlicher Vorstellungskraft liegen? Können Maschinen mit künstlicher Intelligenz Aufgaben übernehmen, die bisher nur durch menschliche Intuition lösbar waren – etwa Erziehung, Pflege oder Therapie? Was geschieht mit Gesellschaften, in denen Kinder von intelligenten Systemen begleitet, beobachtet und geprägt werden? Wird das Verhältnis zwischen Mensch und Technik kippen, wenn KI-gesteuerte Roboter nicht nur helfen, sondern lehren? Sind Maschinen, die bauen können, was Menschen nicht mehr verstehen, eine Erweiterung – oder eine Entfremdung? Wird KI in der Lage sein, autonome Systeme zu entwerfen, die nicht mehr von Menschen kontrolliert, sondern nur noch beobachtet werden? Ist es vertretbar, dass Roboter mit KI Entscheidungen über Menschen treffen – etwa in der Bildung, im Strafvollzug oder in medizinischen Grenzsituationen? Können wir sicherstellen, dass Maschinen mit Zugriff auf Körper, Räume und Kinder ethisch handeln? Wenn Roboter mit KI Bauwerke, Städte oder ganze Infrastrukturen entwerfen – wem gehört dann die Idee? Wird eine mit KI ausgestattete Technik die Grenzen dessen verschieben, was als „menschliche Aufgabe" galt? Wie verändert sich die Bedeutung von Arbeit, wenn körperliche und geistige Aufgaben gleichermaßen automatisiert sind? Können Roboter mit künstlicher Intelligenz kreative Räume schaffen – nicht nur funktional, sondern ästhetisch? Wenn Maschinen sowohl bauen als auch beurteilen können – was bleibt dann noch dem Menschen vorbehalten? Wird es einen Punkt geben, an dem wir zwischen menschengemachter und maschinell entworfener Welt nicht mehr unterscheiden können? Ist eine Welt denkbar, in der menschliche Intelligenz nur noch der Anfang war – und nicht das Maß aller Dinge? Führt das berühmte Collatz-Problem (bekannt auch als 3x+1-Problem) – diese einfache, fast kindliche Regel – zu einer tieferen Wahrheit über Zahlen? Oder ist sie ein mathematisches Labyrinth, das uns nur Zeit raubt, ohne Ausgang, ohne Richtung? Verbirgt sich darin eine Struktur, die wir noch nicht sehen – oder ist es nur ein Spiel mit Formen, bedeutungslos, aber faszinierend?Und wie viele andere Formeln folgen diesem Muster: zu simpel, um sie ernst zu nehmen – zu hartnäckig, um sie zu lösen? Stimmt die Riemannsche Hypothese – und wenn ja, warum scheint sie überall zu wirken, aber nirgends zu beweisen? Ist sie das Rückgrat aller Primzahlverteilung – oder nur ein Schatten eines tieferen Systems? Warum scheint sich eine der tiefsten Wahrheiten über Primzahlen genau dort zu verbergen – auf einer unsichtbaren Linie mit Realteil ½? Was bedeutet es, wenn das Chaos der Primzahlen sich an eine imaginäre Geometrie hält? Und was wäre, wenn auch nur eine Nullstelle davon abweicht – bricht dann nur eine Formel zusammen, oder unser ganzes Verständnis von Ordnung? Gibt es Probleme, die sich leicht überprüfen, aber niemals effizient lösen lassen? Oder ist unser Verständnis von Komplexität selbst noch zu oberflächlich? Ist P = NP eine Gleichung – oder ein Spiegel unserer kognitiven Grenze? Wenn P ≠ NP ist: bedeutet das, dass es Fragen gibt, deren Lösung prinzipiell nicht schneller gefunden werden kann, als sie durch reinen Versuch auszuprobieren? Und wenn P = NP wäre: Was würde das bedeuten für Mathematik, Kryptographie, für jedes komplexe System? Warum lässt sich ein korrekt gelöstes Sudoku in Sekunden verifizieren – aber manchmal nur in Stunden lösen? Gilt das Gleiche für ein komplexes Schach-Endspiel? Ist es einfach, einen Sieg zu erkennen – aber fast unmöglich, ihn vorherzusehen? Bei der Goldbachsche Vermutung ist wirklich jede gerade Zahl größer als 2, die Summe zweier Primzahlen – oder ist es nur ein statistischer Irrtum im Unendlichen? Warum sieht es immer wahr aus – aber lässt sich nicht beweisen? Gibt es in jedem logischen System wahre Aussagen, die sich darin nicht beweisen lassen? Wenn ja – wie groß ist der Teil des Wissens, der für immer jenseits unserer Beweisfähigkeit liegt? Ist der Zufall mathematisch definierbar – oder immer nur eine Beschreibung von Unwissen? Sind Primzahlen zufällig – oder Teil eines Plans, den wir nur nicht durchdringen? Warum funktioniert Mathematik überhaupt so gut in der Beschreibung der Welt? Ist das Universum mathematisch – oder nur mathematisch beschreibbar? Ist Mathematik eine Erfindung – oder eine Entdeckung? War sie immer da, verborgen im Gewebe der Welt – oder ist sie nur ein Werkzeug unseres Verstandes? Würde eine außerirdische Zivilisation dieselben Formeln entwickeln wie wir? Wird jede intelligente Spezies zwangsläufig auf dieselben mathematischen Konstanten stoßen – π, e, die Fibonacci-Folge? Könnte es mathematische Systeme geben, die konsistent sind – aber völlig anders als unsere? Kann man das Universum ganz ohne Mathematik verstehen – oder ist es in Zahlen geschrieben? Warum scheint bei der Ulam-Folge („nächste Zahl ist die kleinste, die nur auf eine Weise als Summe zweier vorheriger Zahlen darstellbar ist") ein Muster zu erzeugen – aber nur auf den ersten Blick? Ist das Chaos mit Tarnung? Warum führt die wiederholte Umordnung der Ziffern einer vierstelligen Zahl immer wieder zur Zahl 6174? Ist das Zufall – oder Gesetz? Wie viele mathematische Regeln gibt es, die ein Grundschulkind versteht – aber niemand vollständig lösen kann? Was wird uns die Topologie noch alles erklären können – über Räume, Formen, Zusammenhänge, die sich durch keine klassische Geometrie fassen lassen? Wird sie eines Tages die Brücke schlagen zwischen Raum, Form, Singularität und Gravitation? Ist Topologie nur ein abstrakter Zweig der Mathematik – oder der Schlüssel zu einer tieferen Struktur von Realität? (an dieser Stelle empfehle ich YouTube Kanäle wie 3blue1brown, Veritasium oder Numberphile, die es schaffen, diese unsichtbare Wissenschaft sichtbar zu machen). Warum wirken Primzahlen so ungeordnet – und folgen doch einem inneren Rhythmus, den niemand vollständig versteht? Sind sie wirklich zufällig verteilt – oder nur scheinbar, weil uns das richtige Instrument fehlt? Warum gibt es zwischen Milliarden von Zahlen Inseln völliger Stille – und dann plötzliche Häufungen? Wer bestimmt, wann eine Primzahl „geboren" wird – und warum gibt es keine Formel, die sie zuverlässig vorhersagt? Gibt es unendlich viele Primzahlzwillinge – oder endet diese Nähe irgendwann im Unendlichen? Terence Tao spricht von „strukturiertem Zufall" – ist das nur ein mathematischer Begriff, oder eine Ahnung davon, wie Chaos und Ordnung in Wahrheit zusammengehören? Warum führen so viele Wege in der Mathematik – ganz gleich wo man beginnt – irgendwann immer wieder zu den Primzahlen zurück? Warum ist es so schwer, ein Gleichgewicht zu finden – wenn John Nash doch gezeigt hat, dass es immer eines gibt? Liegt das Problem nicht in der Existenz – sondern in der praktischen Berechenbarkeit? Was bedeutet es für Märkte, Gesellschaften, ganze Ökonomien, wenn das Finden eines Nash-Gleichgewichts theoretisch garantiert, aber technisch unlösbar ist? Was geschieht, wenn künstliche Intelligenzen beginnen, strategisch zu handeln – nicht programmiert, sondern gelernt? Suchen sie dann Gleichgewichte wie in der Spieltheorie – oder erschaffen sie neue, die kein Mensch mehr nachvollziehen kann? Und wenn Konstantinos Daskalakis recht hat, dass manche Gleichgewichte prinzipiell nicht berechenbar sind – wie entscheiden dann Maschinen, wenn das Optimum unzugänglich bleibt? Warum wissen wir nicht, ob die Navier-Stokes-Gleichungen immer glatte, wohldefinierte Lösungen besitzen – obwohl sie das Verhalten von Flüssigkeiten und Gasen überall in der Welt korrekt beschreiben? Verstehen wir das Wasser in einem Glas – oder nur die Näherung dazu? Warum ist es bis heute nicht gelungen, die Hodge-Vermutung zu beweisen – obwohl sie verspricht, die Geometrie komplizierter Räume mit der Sprache der Algebra zu verbinden? Gibt es eine unsichtbare Ordnung hinter dem, was wir als Form erleben? Warum erklärt die Yang-Mills-Theorie alle bekannten Kräfte im Standardmodell – aber nicht, woher die Masse kommt? Warum ist die Existenz einer „Massenlücke" mathematisch so schwer zu fassen? Warum hängt bei der Birch-und-Swinnerton-Dyer-Vermutung die Anzahl der rationalen Lösungen einer elliptischen Kurve mit einer analytischen Funktion zusammen, die scheinbar nichts damit zu tun hat? Ist das nur eine Koinzidenz – oder ein Hinweis auf eine verborgene

Struktur zwischen Zahl und Raum? Arbeitet Grigori Perelman, der die Poincaré-Vermutung, das einzige der sieben Millennium-Probleme schon gelöst hat, im Stillen längst am nächsten unlösbaren Problem – an der Riemannschen Vermutung, an P ≠ NP, an etwas, das noch nicht einmal einen Namen hat? Oder war sein Rückzug selbst eine Antwort – auf ein System, das Erkenntnis mit Ehre verwechselt? Warum ist Dunkle Materie da – aber nicht messbar? Und wenn sie nie sichtbar wird: Ist sie dann real oder nur ein Rechenfehler des Universums? Gibt es eine einheitliche Theorie, die Gravitation mit Quantenmechanik verbindet – oder bleiben Raum und Teilchen für immer zwei Sprachen, die sich nicht übersetzen lassen? Was genau ist Zeit – eine physikalische Größe, eine Illusion, ein emergentes Phänomen? Gibt es mehr als drei Raumdimensionen – verborgen, gefaltet, jenseits unserer Wahrnehmung? Ist das Universum endlich oder unendlich – und wenn es unendlich ist: Was bedeutet dann „Ort"? Ist die Stringtheorie eine Beschreibung der Realität – oder nur ein mathematisch elegantes Konstrukt, das nie experimentell bestätigt werden kann? War das Higgs-Boson der Schlussstein – oder nur der Anfang einer viel größeren Frage? Warum erzeugt ein einfaches Doppelspalt-Experiment mit einzelnen Elektronen ein Interferenzmuster – als würde jedes Teilchen durch beide Spalte zugleich gehen? Beobachtet die Realität sich selbst – oder kollabiert sie nur, wenn jemand hinschaut? Warum scheint Licht sich je nach Situation wie ein Teilchen oder wie eine Welle zu verhalten – und wie kann das gleiche Objekt zwei widersprüchliche Identitäten tragen? Ist das Universum quantisiert – oder ist das nur unser mathematischer Versuch, das Unendliche handhabbar zu machen? Warum gibt es einen Asymmetrieüberschuss von Materie gegenüber Antimaterie – obwohl die Gesetze der Physik eigentlich beide gleich behandeln? Existieren Paralleluniversen wirklich – oder ist das nur ein Auswegmodell für eine Theorie, die sich selbst nicht begrenzen kann? Hat das Universum einen Rand – oder nur eine Struktur? Was bedeutet es wirklich, wenn Energie und Masse austauschbar sind – nicht nur rechnerisch, sondern ontologisch? Ist $E = mc^2$ die tiefste Wahrheit über Materie? Wie entstand die erste selbstreplizierende Struktur – und warum gerade diese und keine andere? Ist der Ursprung des Lebens ein biologisches Ereignis – oder ein statistischer Glückstreffer? Ist genau da der Großer Filter? Warum falten sich Proteine zuverlässig in exakt dieselbe dreidimensionale Struktur – obwohl es rechnerisch mehr mögliche Faltungen gibt als Atome im Universum? Gibt es eine vollständige Übersetzung zwischen genetischem Code und zellulärem Verhalten – oder bleibt Leben mehr als seine Information? Warum ist die Epigenetik so mächtig – und wie entscheidet eine Zelle, welche Gene sie „zum Schweigen" bringt, obwohl der genetische Text derselbe bleibt? Wie genau entstehen Bewusstsein und subjektive Wahrnehmung aus neuronaler Aktivität – und warum gibt es überhaupt ein „Erleben"? Wie genau entscheidet eine Zelle, welche Abschnitte der DNA offen bleiben – und welche dauerhaft verschlossen werden? Gibt es ein übergeordnetes Muster hinter der Schleifenbildung und Chromatinfaltung – oder ist es das Ergebnis lokaler Regeln? Wie erkennt eine Zelle, wo eine Topologisch Assoziierte Domäne (TAD) beginnt – und wo sie endet? Ist das Verpackungssystem universell – oder hat jede Zellart ihr eigenes räumliches Alphabet? Wenn zwei Zellen dieselbe DNA enthalten – was macht sie wirklich verschieden? Ist es der Code – oder der Raum? Können molekulare Maschinen im Inneren der Zelle eines Tages vollständig simuliert werden – oder fehlt uns dafür eine neue Sprache? Ist es möglich, alle Komponenten einer lebenden Zelle künstlich herzustellen und zusammenzusetzen, um ein funktionierendes lebendes System zu schaffen? Was sind die minimalen Anforderungen dafür? Wie führen molekulare und zelluläre Prozesse im Gehirn zu subjektivem Erleben? Gibt es spezifische molekulare Muster oder Netzwerke, die Bewusstsein ermöglichen? Trotz des Abschlusses des Human Genome Project sind die Funktionen vieler Proteine noch nicht verstanden. Welche Rollen spielen diese „Unknome" in Gesundheit und Krankheit? Warum verwenden lebende Organismen fast ausschließlich linkshändige Aminosäuren und rechtshändige Zucker? Ist dies ein Zufallsprodukt der Evolution oder gibt es einen tieferen physikalischen Grund? Gibt es heute Kräfte, Felder oder Zustände,

die so alltäglich und grundlegend sind wie Feuer und Elektrizität –
und wir haben einfach keinen Namen dafür, weil wir sie noch nicht
wahrnehmen? Haben frühere Generationen den Strom übersehen,
weil ihnen das Konzept fehlte – und übersehen wir heute etwas
Ähnliches? Wenn es solche Phänomene gibt – sind sie bereits Teil
unserer Umwelt, nur eben unsichtbar für unser Modell? Was wäre,
wenn unsere Messgeräte – genau wie unsere Sinne – nur eine
weitere Form der Begrenzung sind? Wenn sie zwar tiefer reichen
als das Auge oder das Ohr – aber trotzdem nur in einem kleinen
Korridor des Möglichen messen können? Was, wenn sich dort
natürliche Phänomene abspielen, die wir noch gar nicht als
Phänomene erkennen? Gibt es Wirklichkeiten, die sich uns
entziehen, weil wir sie weder spüren noch sehen noch intuitiv
denken können? Was, wenn es Zustände, Felder, Dimensionen oder
Strukturen gibt, die weder leuchten noch strahlen, nicht schwingen,
nicht wechselwirken – zumindest nicht in einer Weise, die unser
physikalisches Modell erkennen oder abbilden kann? Wie real ist
etwas, das wir nicht sehen, nicht berühren, nicht erzeugen können –
sondern nur durch seine Schwerkraft vermuten? Ist Dunkle Materie
eine neue Form von Substanz – oder nur ein Hinweis darauf, dass
unsere Vorstellung von Gravitation falsch ist? Was wäre, wenn
Dunkle Materie nicht aus Materie besteht – sondern aus etwas, das
wir noch nicht benennen können, weil es keinem bekannten
Konzept entspricht? Werden wir Dunkle Materie je erzeugen,
vermessen, berühren können – oder bleibt sie für immer das
Unsichtbare, das trotzdem alles mitbestimmt? Ist das eventuell eine
Evolutionsstation? Was genau treibt das Universum zur
Beschleunigung – obwohl alles, was wir kennen, eigentlich
bremsen müsste? Ist Dunkle Energie eine Kraft, ein Feld, ein
Fehler – oder etwas, das nicht einmal ins Konzept von „Energie"
passt? Hat das Universum einen Rand – oder ist der Rand selbst
Teil seiner Geometrie? Könnte das Universum denkbar anders
gebaut sein – mit völlig anderen Regeln, die dennoch stabil wären?

Vielleicht ist es kein Zufall, dass der Ursprung des Lebens, das Bewusstsein, die ersten Fragen der Kinder und die letzten der Sterbenden sich immer um das Gleiche drehen:

Warum bin ich hier?
Was trägt mich?
Wer sieht mich?
Vielleicht beginnt dort das, was Menschen seit Jahrtausenden Gott nennen.

Menschheit, sei eins. Sei wie eine Faust. Wir sind Erde. Die Antworten liegen vor uns. Doch nur gemeinsam werden wir sie erreichen. Und nur gemeinsam werden wir die Sterne betreten.

ÜBER DEN AUTOR

Dr. med. Dimitrios Siskos wurde in Thessaloniki, Griechenland, geboren. Er ist ein griechisch-deutscher Arzt und Autor. Er studierte Humanmedizin in Thessaloniki und absolvierte seine Facharztausbildung in Köln, wo er auch an der Universität zu Köln promovierte. Heute lebt und arbeitet er als niedergelassener Hausarzt in Köln. Seit 2018 ist er verheiratet und Vater von zwei Kindern. Die Fragen nach Herkunft, Zukunft und dem Wesen des Lebens begleiten ihn nicht nur beruflich als Humanmediziner, sondern auch als Forscher und Beobachter menschlicher Entwicklung.